Vorwort

Bei meinen Vorträgen, Veranstaltungen und Einzelberatungen wurde ich immer wieder
angesprochen, ob es etwas Schriftliches zur Ernährung nach der Traditionellen
Chinesischen Medizin (TCM) gibt. Daraufhin entstand 2004 die erste Broschüre.
Da diese so gut angekommen ist, habe ich mich entschlossen, eine erweiterte Fassung
zur TCM-Ernährung mit vielen neuen, leckeren Rezepten zu schreiben. Diese halten
Sie jetzt in den Händen.

Diese Broschüre soll kein vollständiges Fachbuch sein, sondern sie gibt in schriftlicher
Form wieder, wie ich die chinesische Diätetik verstehe und vermittle. Dies ist wie die
erste Broschüre ein Einstieg in das Thema TCM-Ernährung.
Weiterführende Literatur ist zu finden auf Seite 105.

Hier geht es nicht um Therapie, sondern darum, durch die richtige Lebensmittelauswahl
das Wohlbefinden zu stärken und sich dem eigenen Typ entsprechend zu ernähren.
Dafür ist die Einteilung nach Yin- und Yang-Aspekten hilfreich (siehe Seite 6).

Die Ernährung nach der chinesischen Medizin ist keinem Dogma unterworfen, sie lässt
immer viel Spielraum für die Gewohnheiten des Einzelnen. Sie ist eine über 3000
Jahre alte Weisheit des Ostens. Aber auch wir im Westen haben durch Hildegard von
Bingen (1098–1179) viel Ähnliches erfahren. Sie fand heraus, dass Lebensmittel eine
Wirkung auf den Körper haben und nicht jeder alles verträgt.

Auch damals galt schon:

> *wärmende, gekochte Lebensmittel im Winter* und
> *kühlende Speisen im Sommer.*

Diese Broschüre soll den Einstieg in die TCM-Ernährung erleichtern und Lust auf mehr
Information machen.

Die Rezepte sind einfach nachzukochen, schmackhaft, wirkungsvoll, und sie sollen
natürlich Spaß und Freude vermitteln.
Zum Erd-Element, ein Element des Energieaufbaus, werden Sie hier die meisten
Rezepte finden.

Viel Spaß beim Ausprobieren der Rezepte hatten meine Kursteilnehmer, Freunde und
meine Familie. Sie durften kochen, verkosten und „für gut befinden".
Darum mein Dank an sie!

Ihnen wünsche ich viel Spaß und Freude beim kreativen Ausprobieren der Rezepte
und Vorschläge. Über Ihre Anregungen und Rückmeldungen würde ich mich freuen.

Weitere Informationen über meine Arbeit finden Sie unter
www.Gesundheitspraxis-Hilden.de

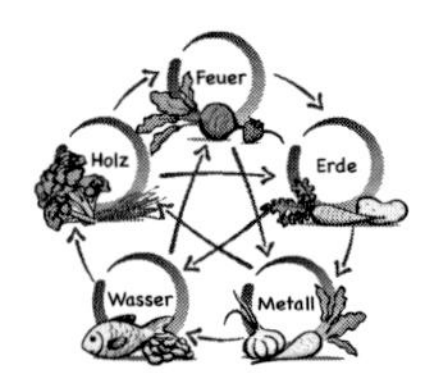

Inhalt

Inhalt

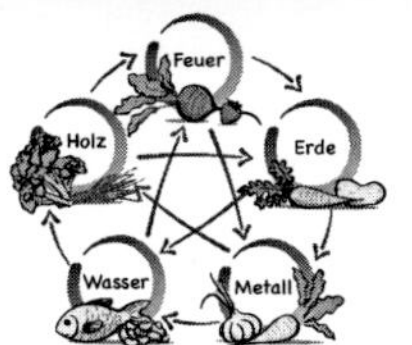

Yin und Yang

Im dunklen Yin ist ein Stück helles Yang
Im hellen Yang ist ein Stück dunkles Yin

In der TCM sind Yin und Yang nicht unbedingt als Gegensätze zu sehen, sondern sie bedingen sich und ergänzen sich gegenseitig.
Beispiel: Wir können tagsüber nur aktiv sein (Yang), wenn wir nachts die nötige Ruhe (Yin) bekommen.

Yin	Yang
Schattenseite	Sonnenseite
Kälte	Wärme
feucht	trocken
dunkel	hell
innen	außen
weiblich, Frau	männlich, Mann
passiv	aktiv
Erde	Himmel
Wasser	Feuer
unten	oben
Mond	Sonne
rechts	links
langsam	schnell
trüb	klar
Zusammenziehung	Ausbreitung
Materie	Energie
Körper	Geist
Herbst/Winter	Frühjahr/Sommer
weich	hart
gerade Zahlen	ungerade Zahlen

Yin und Yang –
bezogen auf den menschlichen Körper

Yin	Yang
weiblich	männlich
rechts	links
Bauch	Rücken
Vorderseite des Körpers	Hinterseite des Körpers
Innenseite des Körpers	Außenseite des Körpers
obere Körperhälfte	untere Körperhälfte
innere Organe	Haut, Muskeln, Körperoberfläche
Blut	Qi
Organstruktur	Organfunktion

Symptome/Neigung

Mangel	Fülle
innere Erkrankungen	äußere Erkrankungen
chronische Erkrankungen	akute Erkrankungen
schleichende Erkrankungen	plötzliche Erkrankungen
Kältegefühl	Hitzegefühl
Wärme bessert Symptome	Kälte bessert Symptome
blasses Gesicht	gerötetes Gesicht
Müdigkeit	Unruhe
leise Stimme	laute Stimme
redet wenig	redet viel
viel heller Urin	wenig und konzentrierter Urin
weicher Stuhlgang	Verstopfung
blasse Zunge	rote Zunge mit Belag

Harmonisierung von Yin und Yang

wärmende Maßnahmen	kühlende Maßnahmen
langfristige Therapie	kurze Therapie
aufbauende Massage	sanfte entspannende Massage
erwärmende/heiße Lebensmittel	kühlende/kalte Lebensmittel
langes Kochen (Yang-Kochmethoden)	kurzes Blanchieren (Yin-Kochmethoden)
gekochte Lebensmittel	Rohkost, Blattsalate, Obst
Zubereitung mit Gewürzen	Zubereitung mit Kräutern

Die traditionelle chinesische Medizin basiert insgesamt auf dem System
Yin und Yang, wobei Yin und Yang immer im Gleichgewicht sein sollten.
Dabei entsteht ein Ausgleich zwischen Körper, Geist und Seele.

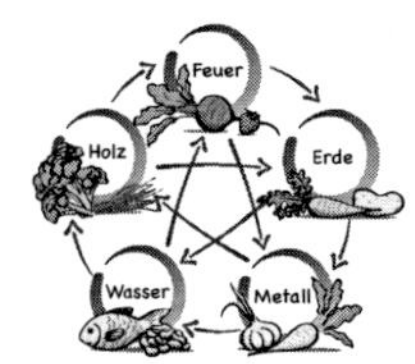

Rezeptverzeichnis

Allgemeine Erläuterungen zur TCM

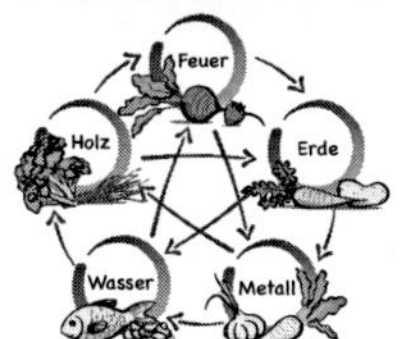

TCM	Traditionelle chinesische Medizin
Qi	Lebensenergie
Meridiane	Energie-Leitbahnen
Feuchtigkeit	Hier im Sinne von Wasser- und Schleimansammlungen im Körper, die zu Gesundheitsstörungen führen können
Feuer	Innere Hitze
Hitze	Von außen kommender Einfluss, der Hitze hervorruft und krank machen kann
Mangel	Diagnostisches Merkmal in der TCM
Mitte	Begriff für die zentrale Bedeutung der Verdauungsorgane, vor allem von Milz und Magen
Schwäche	Bedeutet Mangel oder Leere
Stagnation	Beeinträchtigung des harmonischen Flusses
Yin	Kühlend, bewahrend, eher materiell, weiblich (Wasser)
Yang	Dynamik und Kraft, Erwärmung, männlich (Feuer)
Blut	Ernährt die inneren Organe und Körperstrukturen
Säfte	Flüssigkeiten, die die Haut befeuchten, die Haare nähren, Gelenke schmieren und Organe benetzen

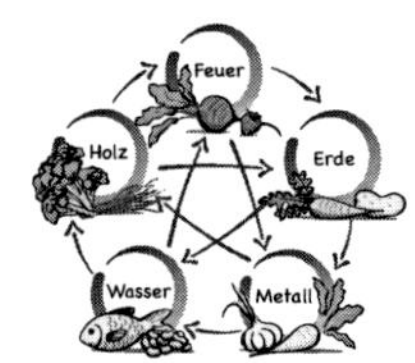

Typgerechte Ernährung

Hitzetyp

Kältetyp

Hitzetyp (Lebensmittel kühlen den Körper)	**Kältetyp** (Lebensmittel wärmen den Körper)
Mineralwasser	Ingwertee
Brot mit Käse oder Marmelade	gekochtes Getreide
Obst	Kompott
Salat	Gemüse (gekocht), Gemüsesalate
Fleisch: Pute/Truthahn	Fleisch: Lamm/Fisch
Fruchtsaft	Hühner- oder Fleischsuppe
Joghurt	Milchsuppe
Kartoffeln	Kartoffeln
Nudeln	Nudeln
kalte Gerichte	Suppen und Eintöpfe
grüne Kräuter	Zimt, Nelken, Ingwer, Koriander, Pfeffer

Ein Hitzetyp braucht die abkühlenden Lebensmittel, um sich wohlzufühlen, dem Kältetyp dagegen geht es mit den wärmenden Lebensmitteln besser.

Ernährung nach den fünf Elementen

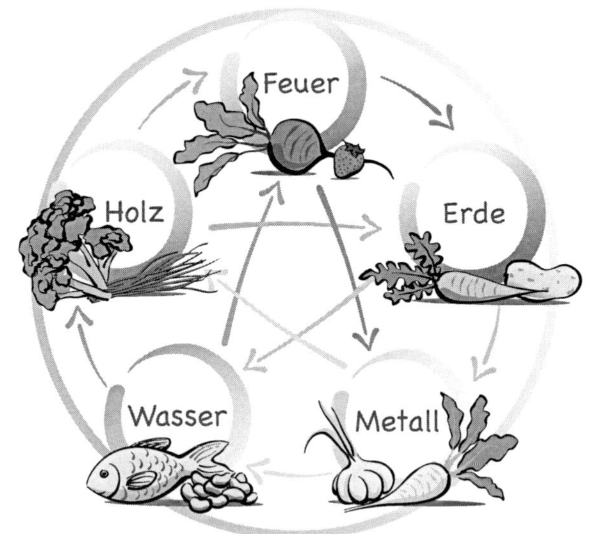

Die Fünf-Elemente-Küche ist eine Ernährungsweise, die in der traditionellen chinesischen Medizin (TCM) verwurzelt ist. Sie basiert auf den Funktionskreisen der fünf chinesischen Elemente – Holz, Feuer, Erde, Metall und Wasser. Diese entsprechen unseren Körperstrukturen, Organsystemen und Gefühlen.

Eine ausgewogene Ernährung, die ganzheitliche Harmonie bringt, enthält immer alle fünf Elemente.

Das Konzept der chinesischen Diätetik über die Wirkung der Nahrung hat in China eine über 3000-jährige Tradition. Dabei ist der Begriff Diätetik, abgeleitet vom griechischen „diaita", im weitesten Sinne als „Lebenspflege" bzw. Lebenskunst zu verstehen.

Die chinesische Diätetik wird zum einen zur Gesunderhaltung des Körpers eingesetzt und zum anderen zur Therapie von Erkrankungen.

Die fünf Elemente entsprechen den Wandlungsphasen der Jahreszeiten. Das Holz-Element (Grünkraft) wird dem Frühling zugeordnet; das Feuer-Element (Sonnenkraft) gehört zum Sommer, das Erd-Element wiederum zum Spätsommer (Erntezeit). Mit dem Element Metall ist der Rückzug auf das Wesentliche, die innere Einkehr gemeint. Und das Wasser-Element, die Auflösung des Alten, bildet den Abschluss der Wandlungsphasen im Jahreskreis.

Wenn es um die Gesunderhaltung geht, ist das Ziel der Fünf-Elemente-Küche, durch die richtige Auswahl und Kombination der Lebensmittel alle Elemente unseres Körpers zu kräftigen und ihn so gesund zu erhalten.

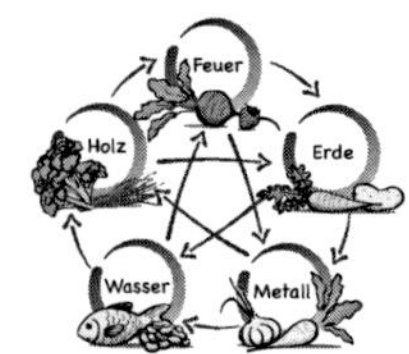

Die fünf Elemente der TCM

Holz-Element

Frühjahr	(saurer Geschmack, grüne Farbe)
Organe:	Leber, Gallenblase
Emotion:	Wut
Krankheiten:	seitliche Kopfschmerzen, Migräne, Heuschnupfen, Bindehautentzündung
Geeignet sind:	blutaufbauende Lebensmittel wie Rote Bete, Weizen, Kartoffeln, Sauerkraut, Karotten, Spinat, Eigelb, Rindfleisch und Hühnerfleisch
	grüne Gemüsesorten wie Feldsalat, Spinat, Brennnessel, Sprossen, Rettich, Tomaten

Feuer-Element

Sommer	(bitterer Geschmack, rote Farbe)
Organe:	Herz, Dünndarm
Emotion:	unechtes Lachen
Krankheiten:	Schlafstörungen, Schreckhaftigkeit, Herzinfarkt, Dünndarmgeschwüre, große Hitze und viel Schwitzen schaden dem Körper, vor allem dem Herzen
Geeignet sind:	Obst, Beeren, Sprossen, Früchtetees, Artischocke, Rosmarin, Oregano, Thymian
	Bittere Salate wie Endivie oder Radicchio leiten Hitze ab

Erd-Element

Spätsommer	(süßer Geschmack, gelbe Farbe)
Organe:	Milz, Magen, Bauchspeicheldrüse
Emotion:	Grübeln

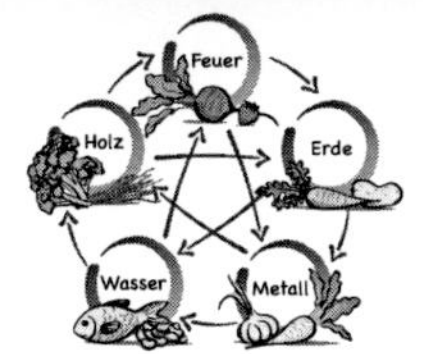

Krankheiten:	Verdauungsstörungen, Blähungen, Verstopfung, Durchfall, Magenprobleme, Heißhunger auf Süßes
Geeignet sind:	Fenchel, Kürbis, Karotten, Süßkartoffeln, Hülsenfrüchte, Getreide, Rind- und Kalbfleisch, Nüsse

(Der süße Geschmack baut das Qi auf)

Metall-Element

Herbst (scharfer Geschmack, weiße Farbe)

Organe:	Lunge, Dickdarm
Emotion:	Traurigkeit
Krankheiten:	Hautallergien, Akne, niedriger Blutdruck, Energiemangel
Geeignet sind:	Gemüse wie Kohlrabi, Rettich, Zwiebel, Meerrettich

Gewürze wie Ingwer, Curry, Muskat, Nelke, Pfeffer, Piment, Tabascosoße, Sternanis

(Scharfer Geschmack stärkt das Immunsystem)

Wasser-Element

Winter (salziger Geschmack, blaue Farbe)

Organe:	Niere, Blase
Emotion:	Angst
anfällig für Krankheiten:	Knochen, Zähne, Haare, Gehör
Geeignet sind:	wärmende Lebensmittel wie Eintöpfe, Suppen Aufläufe, Fisch, Hülsenfrüchte

Meeresfrüchte schützen die Nieren-Energie

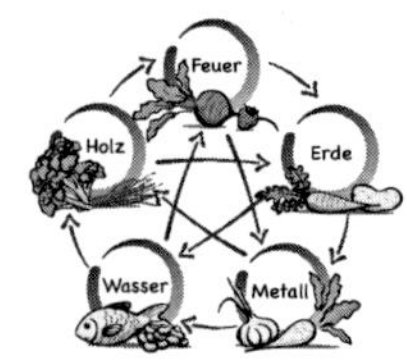

Thermische Wirkung der Lebensmittel

Lebensmittel beeinflussen unser Wohlbefinden nach Ansicht der traditionellen chinesischen Medizin über ihren Geschmack (süß, scharf, salzig, sauer und bitter), aber auch durch die thermische Wirkung. Sie werden in fünf Kategorien eingeteilt: heiß, warm, neutral, erfrischend und kalt.

Die thermische Wirkung einer Pflanze hängt vom Klima und der Jahreszeit, aber auch von der Anbaumethode ab. Obst aus heißen Ländern wirkt oft kühlend und befeuchtend. Pflanzen, die langsam und natürlich heranwachsen, haben eine erwärmende Wirkung. So kann man sich ausgewogen nach dem Rhythmus der Jahreszeiten ernähren.

Wie viel Energie bzw. Kraft eine Speise bietet, hängt nicht nur von den Zutaten, sondern auch von deren Zubereitung ab. Langes Köcheln, bei uns als „Vitaminkiller" verpönt, hat in der Fünf-Elemente-Küche durchaus Sinn, denn im Kochvorgang „tanken" die Speisen Energie, die sie dann an den Körper abgeben.

Ob ein Mensch viel oder wenig Energie benötigt, hängt von seiner individuellen Konstitution und von der Jahreszeit ab.

So kann Rohkost für einen temperamentvollen Hitzkopf wohltuend kühlend wirken. Ein leicht frierender und introvertierter Mensch allerdings sollte kühlende Lebensmittel wie Salate, Milchprodukte oder Bananen besser meiden und stattdessen zu gekochtem Gemüse, Hülsenfrüchten und Gewürzen wie Ingwer, Knoblauch oder Pfeffer greifen.

Ein ausgewogenes Fünf-Elemente-Gericht gleicht das Temperaturverhalten im Körper aus und schafft dadurch Harmonie und Wohlbefinden.

Heiße Lebensmittel	Lammfleisch, scharfe Gewürze und hochprozentiger Alkohol schützen den Organismus im Winter vor Kälte. Bei Kältegefühl ist die regelmäßige Anwendung von kleinen Mengen heißer Lebensmittel ein wirksames Mittel, um innere Kälte zu vertreiben. In größeren Mengen erzeugen Alkohol und scharfe Gewürze sehr schnell innere Hitze, insbesondere in Kombination mit Fleisch (Lammbraten mit Rotwein). Für Vegetarier dagegen ist das Kochen mit Alkohol und scharfen Gewürzen die richtige Methode, um sich vor innerer Kälte zu schützen.
Warme Lebensmittel	Das sind im Wesentlichen getrocknete Kräuter, Gewürze, die meisten Fischsorten, Huhn und einige Gemüse – Fenchel, Kürbis und Kastanien. Zu jeder Jahreszeit haben sie einen festen Platz auf dem Speiseplan, um dem Körper Yang (Wärme) zuzuführen. Lediglich im Hochsommer oder bei bereits bestehenden Hitzezuständen (Wechseljahre) wird ihr Anteil reduziert.

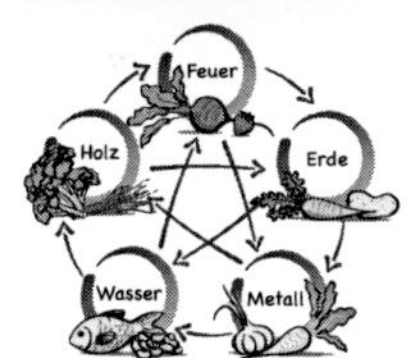

Neutrale Nahrungsmittel	Karotten, Bohnen, alle Kohlsorten, Hülsenfrüchte, Nüsse, Rindfleisch und besonders alle Getreidesorten sind die Quelle, aus der der Körper Energie bezieht. Das Getreidekorn steht für die „geballte Kraft auf kleinstem Raum". Deshalb bilden Getreide zu jeder Jahreszeit die harmonische Basis, die den Organismus vor Energieverlust schützt und bereits bestehendes Ungleichgewicht ausbalanciert.
Erfrischende Lebensmittel	Dazu gehören die meisten Gemüse, Salate, einheimische Früchte und Kräutertees; sie sind die Quelle für die Säfte des Körpers und des Blutes. Das ganze Jahr über gegessen verhindern sie Trockenheit im Körper. Im Sommer ist diese Funktion besonders wichtig, da äußere Hitze dem Körper Feuchtigkeit entzieht. Übermäßiger Konsum erfrischender roher Lebensmittel im Winter dagegen belastet die Verdauung und führt, ebenso wie kalte Lebensmittel, zu Qi- oder Yang-Mangel.
Kalte Lebensmittel	Tomate, Gurke, Banane, Ananas, Kiwi, Joghurt und Mineralwasser kühlen den Körper ab. Sie werden in kleinen Mengen verwendet, um das Entstehen von Hitze zu verhindern. Im Sommer oder im Falle einer bereits bestehenden „Yang-Fülle" (Hitzkopf) bieten sie den nötigen Ausgleich. Regelmäßig im Winter gegessen führen sie zu einem Qi- oder Yang-Mangel (Kälte).

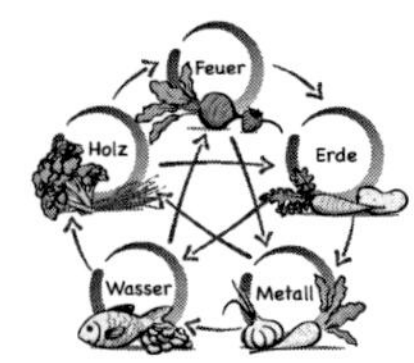

Fütterungs- und Kontrollzyklus

Fütterungszyklus: Mutter-Kind-System

Jedes Element versorgt das nächste Element mit Energie. Die chinesische Medizin spricht davon: Die Mutter versorgt das Kind. Ist die Mutter stark, ist auch das Kind stark.

Beispiel: Hat die Milz (Erd-Element) genug Energie und Verdauungskraft, dann ist auch die Lunge (Metall-Element), sprich die Abwehrkraft, gestärkt.
Ein Zuviel an Zucker oder Milchprodukten kann zu Verschleimung der Lunge und des Dickdarms (Metall-Element) führen, was z. B. verstärkte Probleme mit den Bronchien oder den Nasennebenhöhlen bedeutet oder auch das Abnehmen (Erd-Element) erschwert.

Kontrollzyklus: Großvater-Enkel-System

Ein Element kontrolliert das übernächste Element, damit ein Gleichgewicht gewährleistet bleibt.

Beispiele: Ärger und Stress (Holz-Element) schlagen auf den Magen (Erd-Element) und bereiten dort Probleme in Form von Unwohlsein, Magendruck oder Ähnlichem
(Leber attackiert den Magen).

Ein Zuviel an Alkohol oder scharf gewürzten Speisen (Metall-Element) kann die Leber (Holz-Element) angreifen
(Metall kontrolliert die Leber).

Ist der Mensch gesund, dann regeln sich die Elemente untereinander. Sind die Wechselbeziehungen der Elemente allerdings gestört, kann es zu Erkrankungen kommen.

Über die Ernährung kann immer als Erstes versucht werden, das Gleichgewicht herzustellen. Reicht dies allerdings nicht aus, dann ist es sinnvoll, einen TCM-Therapeuten zu Rate zu ziehen, um über Akupunktur, Kräutertherapie, Qigong oder Tuinamassage den Körper wieder auszugleichen.

Dien-Cham-Gesichtsmassage

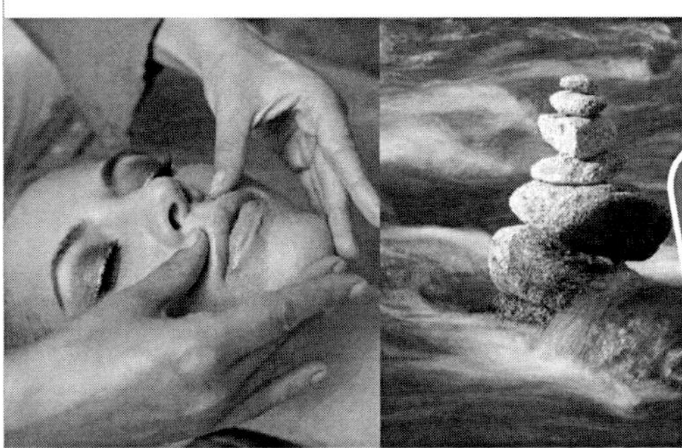

Dien (Gesicht) **Cham** (Akupressur) ist mit der Fußreflexzonenmassage vergleichbar. Reflexzonen und -punkte im Gesicht werden mit den Fingern stimuliert, die Energie wird angeregt und die Zirkulation verbessert. Die Dien-Cham-Gesichtsmassage ist sanft und entspannend, das Gesicht bekommt eine entspannte, frische Ausstrahlung. Auch die Abwehr- und Selbstheilungskräfte (z. B. bei Kopf- und Muskelschmerzen oder rheumatischen Beschwerden) können angeregt werden.
Eine Behandlung dauert ca. 30 Min. und kostet 25,- Euro.

*Sie erhalten 10 % Rabatt auf die erste Dien-Cham-Gesichtsbehandlung. Termine nach Vereinbarung.

DORIS KALLENBACH
ERNÄHRUNG • REIKI

Gesundheitspraxis Hilden

Doris Kallenbach • Hagdornstraße 12 • 40721 Hilden • Telefon 0 21 03/90 95 91
doris.kallenbach@arcor.de • www.gesundheitspraxis-hilden.de

Der dreifache Erwärmer

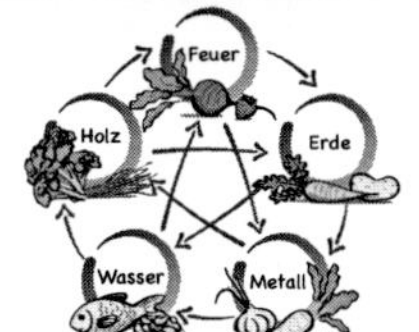

Der dreifache Erwärmer entspricht nach unserer westlichen Ansicht dem Stoffwechsel. Er ist kein Organ, sondern bezeichnet eine Funktion, die andere Organe mit einbezieht und die Wärmeverteilung im Körper reguliert.

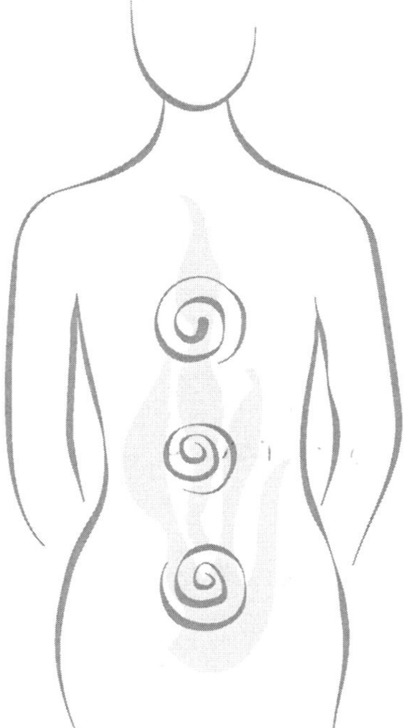

Oberer Erwärmer

HERZ/LUNGE

Nachgeburtliche Energie

Ermöglicht die Atmung, verteilt Flüssigkeiten, beschützt den Körper

Stärkt die Abwehrkraft

Mittlerer Erwärmer

MILZ/MAGEN

Nachgeburtliche Energie

Entspricht der Verdauungsfunktion, Magen nimmt Nahrung auf, Milz verteilt die Nahrungsessenz im gesamten Körper

Stärkt unser Allgemeinbefinden

Qi kann fließen

Unterer Erwärmer

NIERE/BLASE

Vorgeburtliche Energie

Ist die Energie, die wir von unseren Eltern mitbekommen haben. Sie ist unser Schatzkästchen, davon müssen wir ein Leben lang zehren. Sie ist nur begrenzt, und wir können sie nicht vermehren. Ist sie zu Ende, dann sterben wir.

Die nachgeburtliche Energie wird über Atmung oder Nahrung dem Körper immer wieder aufs Neue zugeführt. Darum ist es besonders wichtig, jeden Tag genügend Qi über die Nahrung aufzunehmen, und zwar solche Nahrung, die den Funktionskreis „Erde" nährt. Diesen zu stärken gilt es (siehe Lebensmittel aus dem Erd-Element auf Seite 50/51) und Qi aufbauende Lebensmittel (siehe Seite 20).

(Weitere Informationen zu diesem Thema finden Sie im Buch *Ernährung nach den Fünf Elementen* von Barbara Temelie.)

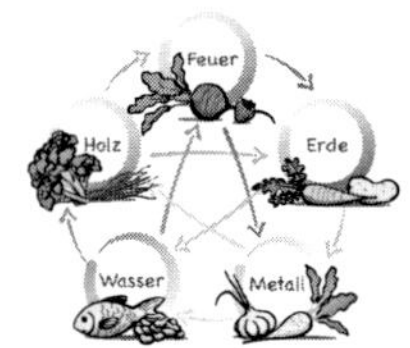

Qi-Aufbau

Um das Qi zu stärken, werden thermisch *neutrale* und *warme* Nahrungsmittel bevorzugt. Die Geschmacksrichtung, die günstig auf das Qi wirkt, ist süß (Erde). Hierfür werden eine kohlenhydratreiche Ernährung mit viel Getreide, dazu einheimische Gemüse und Obstsorten, frisch und leicht gekocht (gelb, grün oder rot), und kleine Mengen an hochwertigem Eiweiß (Fleisch und Fisch) empfohlen. Vegetarier ergänzen den Speiseplan mit Hülsenfrüchten.

Besonders geeignete Nahrungsmittel für den Qi-Aufbau:

Getreide
Amarant, Gerstengrütze, Haferflocken, Hirse, Polenta (Maisgrieß), Quinoa, Rundkornreis, Dinkel

Gemüse
grüne Bohnen, Fenchel, Karotten, Kürbis, Lauch, Mais, Pastinaken, Sellerie, Süßkartoffeln, Zwiebeln, Kastanien, Champignons, Austernpilze, Shiitakepilze, alle Kohlsorten

Obst
(als Kompott oder Trockenfrüchte)
Äpfel (süß), Feigen, Datteln, Aprikosen, Pflaumen, Pfirsiche mit Zimt, Kardamom, Koriander, Vanille

Hülsenfrüchte
schwarze Bohnen, Erbsen, Kichererbsen, Linsen, Adukibohnen, rote Bohnen, Saubohnen

Fett
Butter, kaltgepresste Öle

Fleisch
Huhn, Lamm, Rind, Hirsch, Kaninchen

Fisch
Makrele, Sardelle, Thunfisch, Hering, Karpfen, Meeräsche

Gewürze
Basilikum, Majoran, Thymian, Nelken, Kümmel, alle frischen und getrockneten Küchenkräuter:
in kleinen Mengen: frischer Ingwer, Knoblauch, Muskatnuss, Pfeffer und Zimt

Süßes
Ahornsirup, Datteln, Melasse

Getränke
heißes Wasser, Tees aus Gewürzen wie Zimt, Kardamom, Ingwer, Fenchel, Kümmel, Anis, Süßholz, Getreidekaffee

Sonstiges
Walnüsse, Pinienkerne, Mandeln, Haselnüsse, Sonnenblumenkerne, Kürbiskerne

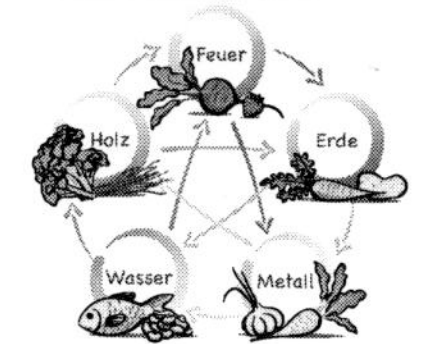

Ernährungsgewohnheiten, die das Qi schwächen:

- Hungern
- unregelmäßiges Essen
- abends zu spät oder zu reichlich essen
- abends tierisches Eiweiß
- nicht frühstücken
- Unruhe, Stress oder Arbeiten während des Essens
- zu viel, zu schwer, zu kalt, zu fett, zu heiß essen
- Schlingen
- kalte Getränke während des Essens
- übermäßiger Verzehr von Rohkost, Obst, Fruchtsäften, Milchprodukten, weißem Zucker
- zu viel Fleisch
- raffinierte Lebensmittel
- Mikrowellengerichte
- Tiefkühlfertigprodukte

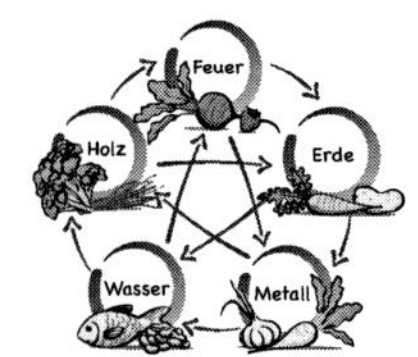

Organuhr
(1 Uhr nachts bis 13 Uhr mittags)

Jedes Organ und jeder Meridian hat an einem Tag eine bestimmte Zeit der Energie-
zunahme und Energieabnahme. An zwei Stunden innerhalb von 24 Stunden befindet
sich jedes Organ in der *Maximalzeit* und 12 Stunden später in der *energieschwachen
Phase*. Das ist wichtig bei der Diagnosestellung:
- häufiges Aufwachen nachts zwischen 1.00 und 3.00 Uhr könnte z. B. auf eine Leber
  energiestörung hindeuten, da die Leber ihre höchste Aktivität um diese Zeit hat.
- häufige Müdigkeit nach dem Mittagessen zwischen 13.00 und 15.00 Uhr deutet auf
  eine schwache Leberenergie.

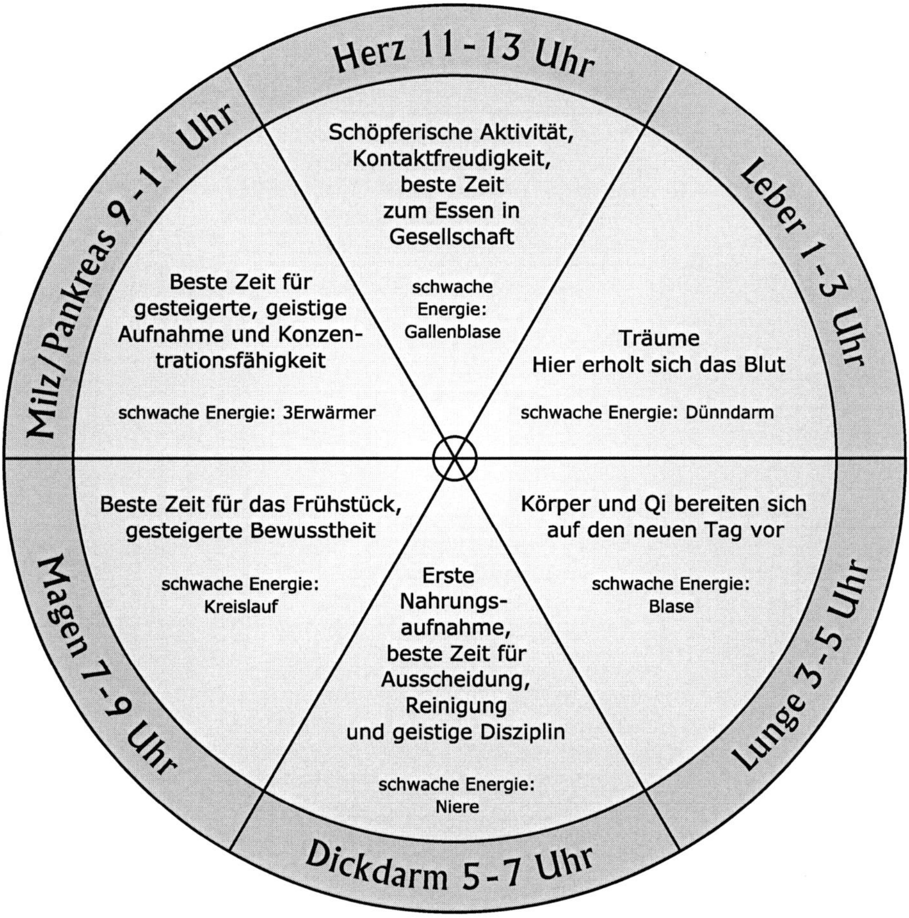

Organuhr
(13 Uhr mittags bis 1 Uhr nachts)

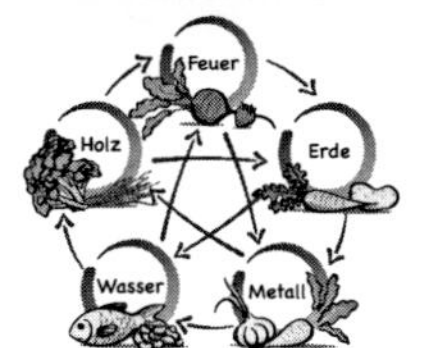

Die Grafik zeigt die Zeitbereiche, in denen die Organe die meiste Energie besitzen.
Die Zeitbereiche mit der wenigsten Energie liegen genau 12 Stunden zeitversetzt.

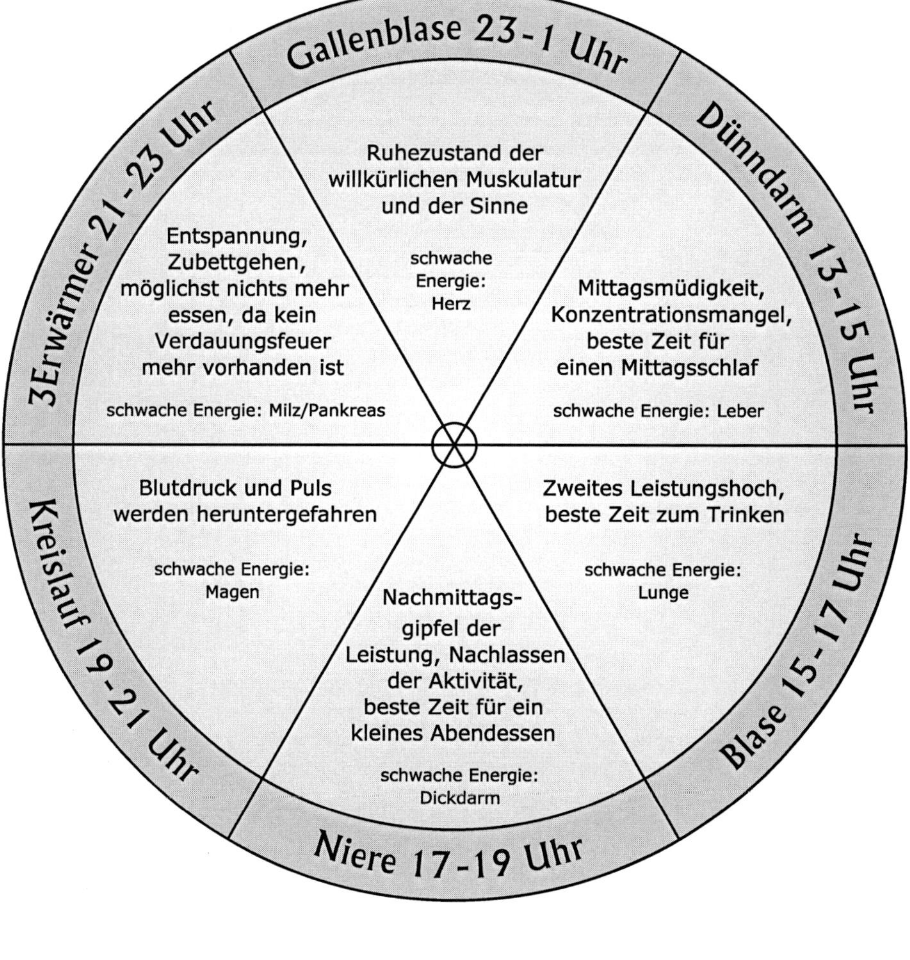

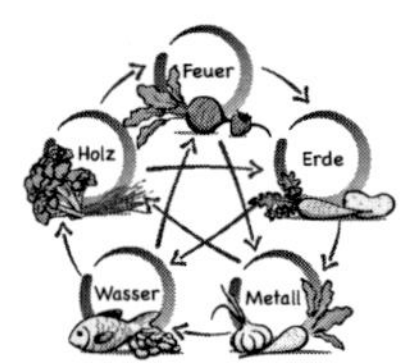

Erklärungen zu den Rezepten

H	Holz
F	Feuer
E	Erde
M	Metall
W	Wasser
TL	Teelöffel
EL	Esslöffel
Bd	Bund
Msp	Messerspitze
Schb	Scheibe
l	Liter
H	Rezept geeignet für den Hitzetyp
K	Rezept geeignet für den Kältetyp
H/K	Rezept geeignet für den Hitzetyp und den Kältetyp

Holz

Holz-Element

grüne Farbe, saurer Geschmack

Das **Holz-Element** ist zuständig für den Funktionskreis Leber (Yin) und Gallenblase (Yang). Die Leber verarbeitet nicht nur die Nahrung, sondern auch alle Gefühlseindrücke, die wir durchleben. Sie reguliert den freien Fluss von Qi (Lebensenergie), speichert das Blut, beherbergt das Unterbewusste und kontrolliert die Sehkraft. Das Holz-Element ist verantwortlich für die Sehnen, Muskeln, Bänder, Fingernägel und Fußnägel.

Gestärkt wird das Element durch grüne und saure Lebensmittel wie Petersilie, saure Äpfel, Sauerkraut und sauer eingelegtes Gemüse.

Blutaufbauende Lebensmittel sind: Weizen, Rote Bete, Kartoffeln, Kürbis, Sauerkraut, Karotten, Spinat, Eigelb, Rindfleisch und Hühnerfleisch.

Eigenschaften:	sauer, bewahrt so die Säfte im Körper
Zubereitungsarten:	Dämpfen ohne Deckel, schnell
Konservierungsmethoden:	Einlegen in Essig, Vergorenes

Thermische Wirkung der Lebensmittel im Holz-Element

	Heiß:
Gewürze	Schnittlauch, Sternanis, Essig
Getränke	Alkohol

	Warm:
Getreide	Grünkern, Hefe
Fleisch	Huhn, Schweineleber
Kräuter/Gewürze	Balsamico, Petersilie, Brennnessel
Getränke	Kirschsaft, Beerenauslese
Obst	Himbeere, Kirsche, Physalis, Passionsfrucht

	Neutral:
Kräuter	Estragon, Kerbel, Melisse, Sauerampfer
Obst	Hagebutte, Zwetschge, Mandarine, Weintraube, Cranberry
Getränke	Chardonnay

	Erfrischend:
Getreide	Dinkel, Weizen
Treibmittel	Backferment, Hefe, Sauerteig
Gemüse	Sauerkraut, Sprossen, Blattsalat
Obst	Apfel (sauer), Apfelkompott, Brombeere, Erdbeere, Heidelbeere, Johannisbeere, Orange, Preiselbeere, Sauerkirsche, Stachelbeere
Fleisch	Ente
Milchprodukte	Dickmilch, Frischkäse, Kefir, Sauermilch, saure Sahne, Schwedenmilch, Quark
Getränke	Brottrunk, Champagner, Fruchtsaft, Maisbarttee, Apfelwein, Hagebutten-, Hibiskus-, Malven- und Melissentee, Prosecco, Weißwein, Weizenbier, Sauerkirschsaft

	Kalt:
Gemüse	Mungobohnensprossen, Sauerampfer, Tomate, Bambussprossen, Essiggurken, Löwenzahn
Obst	Ananas, Kiwi, Rhabarber, Zitrone
Milchprodukte	Joghurt

Entsprechung der fünf Elemente

Holz-Element

Himmelsrichtung	Osten
Jahreszeit	Frühling
Wetter	Wind
Tageszeit	Morgen
Lebenszyklus	Geburt und Wachstum
Organe	Leber, Gallenblase
Sinnesorgane	Auge
Sinnesfunktion	Sehen
Positive Eigenschaften	Toleranz, Kreativität, Vitalität
Negative Yang-Emotion	Wut, Zorn, Gereiztheit, cholerisch
Negative Yin-Emotion	Frustration, Melancholie
Farbe	grün
Geschmack	sauer
Körpergewebe/Struktur	Sehnen, Bänder, Muskeltonus, Nägel
Tugend	Kraft
Tier	Huhn
Gefühlsäußerung	laut schreien
Geist	Seele, Inspiration, Vision, Unterbewusstsein
Energiebewegung	aufsteigend
Zubereitungsart	Dämpfen ohne Deckel, schnell
Konservierungsart	Einlegen in Essig, Gegorenes

Tomatensuppe

Zutaten für 4 Portionen

E	2 EL Olivenöl		F	1 TL Oregano
M	2 Zwiebeln		E	1 Prise Rohrzucker
M	1 Knoblauchzehe		M	Pfeffer
W	Salz		F	2 EL frisches Basilikum
E	1 l Gemüsebrühe		E	evtl. 100 ml Sahne
H	1 kg Tomaten, reif			
H	75 g Tomatenmark			
H	1 EL Tomatenpesto			

Vorbereitung:

- Tomaten waschen und vierteln
- Zwiebeln schälen und fein würfeln
- Knoblauch schälen und fein würfeln
- Basilikum und Oregano waschen und mit der Schere in feine Streifen schneiden
- Sahne steif schlagen

Zubereitung:

■ In einem Topf das Öl erhitzen und die Tomaten mit den vorbereiteten Zwiebeln und dem Knoblauch andünsten.

■ Mit Gemüsebrühe auffüllen und mit Pfeffer, Salz und Tomatenmark, Pesto, Basilikum, Oregano und Zucker würzen und ca. 30–40 Minuten köcheln lassen.

■ Durch ein Sieb streichen und den Tomatensud in einem Topf auffangen. Nochmals aufkochen lassen, ggf. nachwürzen.

■ Auf 4 Suppenteller verteilen und die Sahne darauf verteilen. Mit Basilikumblättchen garnieren.

Tipp *Die Suppe schmeckt intensiver, wenn 2–3 getrocknete Tomaten mitgekocht werden.*

Petersilienpesto

Zutaten für 1 kleines Schraubglas

H	1 Bd Petersilie, glatt
F	Rosenpaprika
E	ca. 1/4 Tasse Olivenöl
M	1 Msp Zimt
M	1 kleines Stück Chilischote
W	Salz
E	100 g Mandelblätter, geröstet

Vorbereitung:

- Petersilie waschen, gut trocken tupfen, die Blättchen vom Stiel abzupfen
- Ein kleines Stück Chilischote fein schneiden
- Mandelblätter in der trockenen Pfanne rösten, so dass sie goldgelb sind

Zubereitung:

▪ Die Petersilie in den Mixer geben. Vorsichtig das Öl dazufließen lassen und pürieren. Mit den Gewürzen abschmecken.

▪ Die gerösteten Mandelblättchen dazugeben und alles weiter zerkleinern. Nochmals abschmecken.

▪ Ist die Masse zu fest, noch etwas Öl dazugeben.

H/K

Tipp *Statt Petersilie können auch alle anderen Kräuter verwendet werden. Am besten gelingt die Masse in einer kleinen Moulinette.*

Tomatenbutter

Zutaten für 1 kleines Schraubglas

H	1 EL konzentriertes Tomatenmark
	oder 2 EL Tomatenmark (Bioladen)
H	8 getrocknete, in Öl eingelegte Tomaten
E	125 g Butter
F	1/2 TL frische rote Peperoni
F	Rosenpaprika
M	1 EL Basilikum
W	Salz

Vorbereitung:

- Die eingelegten Tomaten abtropfen lassen
- Peperoni klein schneiden
- Basilikum in feine Streifen schneiden

Zubereitung:

Die weiche Butter mit dem Tomatenmark verrühren. Die eingelegten Tomaten mit Paprika und dem Basilikum mit dem Pürierstab zerkleinern und zur Tomatenbutter geben. Mit Rosenpaprika und Salz abschmecken.

H/K

Tipp *Die Tomatenbutter kann auch eingefroren werden.*

Spinatsalat

Zutaten für 4 Portionen

H	200 g frischer Spinat
H	8 getrocknete Tomaten
F	8 Oliven, grün
E	Sesamöl, geröstet
M	Pfeffer
W	Salz
E	Sesam, Sonnenblumenkerne

Vorbereitung:

- Spinat verlesen und waschen, abtropfen lassen
- Tomaten abtropfen lassen und klein schneiden
- Oliven fein schneiden
- Sesam und Sonnenblumenkerne in der Pfanne trocken rösten

Zubereitung:

■ Spinat in Streifen schneiden. Die Tomaten und Oliven dazugeben.

■ Öl, Pfeffer und Salz in ein Schraubglas geben, gut verschließen und schütteln.

■ Die Soße über den Spinat geben. Die Saaten darüberstreuen. Sofort servieren.

Tipp *Sofort servieren, da der Spinat schnell zusammenfällt.*

Kräuterwaffeln

Zutaten für 7 Waffeln oder 7 Pfannkuchen

H	130 g Weizenmehl	H	je 2 EL gehackte Kräuter
	oder Dinkel-Vollkornmehl		(Petersilie, Schnittlauch,
E	30 g geriebene Nüsse		Dill, Rucola etc.)
E	1 kleines Ei	F	Rosenpaprika
E	ca. 200 ml Milch		
M	Pfeffer		Waffeleisen
M	Muskat		
W	Salz		

Vorbereitung:

- Die Nüsse in der Küchenmaschine fein reiben oder schon gemahlene Nüsse verwenden
- Die Milch abmessen
- Die Kräuter waschen und auf einem Küchenpapier gut abtupfen, bis sie ganz trocken sind, danach fein hacken
- Waffeleisen einfetten

Zubereitung:

■ Das Mehl mit den fein geriebenen Nüssen, dem Ei, der Milch und den Gewürzen gut verrühren und mindestens 30 Minuten abgedeckt ruhen lassen (nicht in den Kühlschrank geben).

■ Die gehackten Kräuter unter den Teig mischen.

■ Jeweils 1 kleine Kelle Teig auf das gefettete Waffeleisen geben und backen.

Anmerkung:

Wer kein Waffeleisen besitzt, kann auch Pfannkuchen aus den Zutaten backen. Diese dann in heißem Öl von beiden Seiten goldgelb backen.

H/K

Tipp *Zu den Waffeln oder Pfannkuchen passt gut ein Salat.*

Geschnetzeltes Huhn

Zutaten für 3–4 Portionen

F	Heiße Pfanne	F	Rosenpaprika
E	1 EL Öl	E	1 EL Sesam
E	50 g halbe Walnüsse	E	200 g Champignons, braun
E	200 g Möhren	M	2 EL Sherry
M	etwas geriebener Ingwer	M	Curry
M	1 Knoblauchzehe	M	1 Bd Frühlingszwiebeln
W	Salz	W	Sojasoße nach Geschmack
H	150 g Hühnerbrust		

Vorbereitung:

- Hühnerfleisch waschen, in feine Streifen schneiden, mit Sherry und Currypulver mischen und einige Stunden ziehen lassen
- Möhren schälen und klein würfeln
- Frühlingszwiebeln waschen, fein schneiden
- Champignons ggf. mit dem Küchentuch abreiben und in feine Scheiben schneiden
- 1 kleine Ingwerscheibe schälen und auf der Reibe fein reiben
- Knoblauchzehe schälen und mit dem Messer zerdrücken

Zubereitung:

In die heiße Pfanne das Öl, Sesam und die Walnüsse geben und anrösten. Danach Ingwer, Knoblauch, Möhrenwürfel und die klein geschnittenen Frühlingszwiebeln dazugeben und mitbraten. Mit Salz abschmecken.

Das Hühnerfleisch dazugeben und rundum anbraten. Mit Rosenpaprika würzen. Die Champignonscheiben dazugeben und mit Sojasoße abschmecken. Alles ca. 5–10 Minuten köcheln lassen, bis das Fleisch gar ist.

H/K

Tipp *Hierzu passt Polenta, Reis oder Hirse.*

Cranberry-Kompott

Zutaten für 3–4 Portionen

F/H	340 g Cranberries
E	200 ml roter Traubensaft
E	1 EL Rohrzucker
M	1 Msp Zimt
W	50 ml Wasser
H	1 Spritzer Limonensaft

Zubereitung:

▪ Die Cranberrys waschen und mit Saft,
Zucker, Zimt und Wasser ca. 5 Minuten
köcheln lassen, bis die Früchte aufplatzen.
Mit Limonensaft abschmecken.

Anmerkung:

Das Dessert kann mit Sahne garniert werden.
Cranberrys gibt es frisch nur im Monat Dezember. Man kann sie aber gut einfrieren und im
Frühling dann tiefgekühlt verarbeiten.

Tipp *Cranberrys wirken gut bei Blasenentzündung, dann aber als Saft verwenden.*
Erhältlich im Reformhaus oder Bioladen.

Dinkelbrot

Zutaten für 1 Kastenform

W	450 ml lauwarmes Wasser	E	50 g Sesam, schwarz
H	40 g Hefe	E	50 g Leinsamen, geschrotet
H	500 g Dinkelvollkornmehl	M	Pfeffer
H	2 EL gehackte Petersilie	W	1 TL Meersalz
H	2 EL Schnittlauchröllchen	H	2 EL Obstessig
H	2 EL frische Dillspitzen		
F	Rosenpaprika		Kastenform 26 cm
E	50 g Sonnenblumenkerne		

Vorbereitung:

- Dinkel fein mahlen (wenn keine eigene Mühle vorhanden ist, im Bioladen oder Reformhaus mahlen lassen)
- Kräuter waschen, auf Küchenpapier abtupfen, bis sie ganz trocken sind, danach fein schneiden
- Sonnenblumenkerne mit dem Messer hacken
- Leinsamen in einer Mühle schroten (oder schon geschrotet kaufen)
- Kastenform einfetten

Zubereitung:

■ Hefe im lauwarmen Wasser auflösen. Mehl mit den Saaten und dem Salz verrühren. Obstessig, die aufgelöste Hefe und die gehackten Kräuter dazugeben und unterkneten. Der Teig sollte geschmeidig sein. Den Teig in die Kastenform füllen. Mit dem Messer einmal längs einritzen.

■ Die Form in den kalten Ofen schieben und ca. 60 Minuten bei 200 °C backen. Mit einem Holzstäbchen die Backprobe machen: Holzstäbchen in den Teig stechen. Bleibt Teig daran kleben, noch ca. 5 Minuten weiterbacken.

■ Die Kastenform aus dem Ofen nehmen und auskühlen lassen.

H/K

Tipp *Dazu passt sehr gut die Tomatenbutter.*

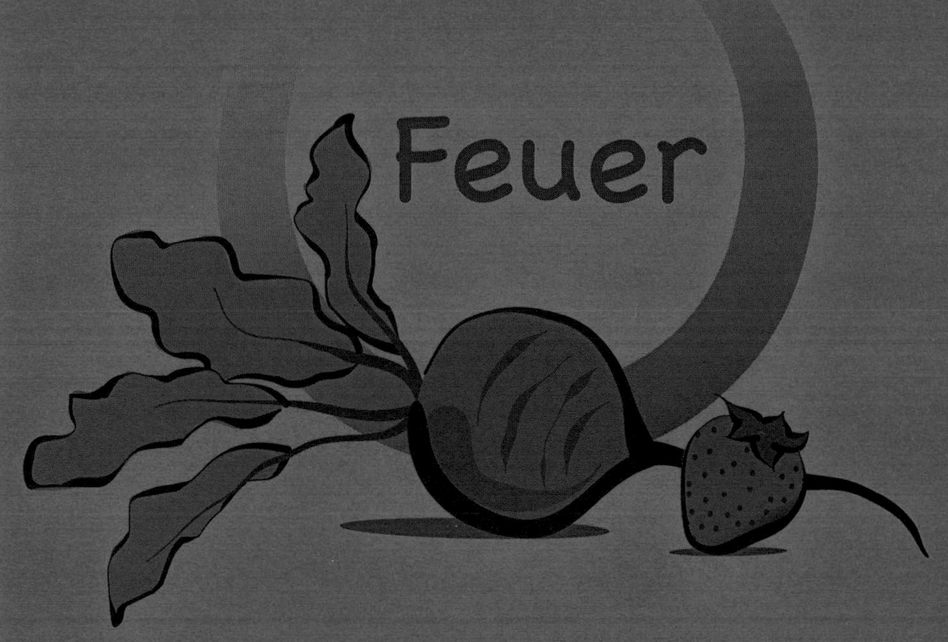
Feuer

Feuer-Element

rote Farbe, bitterer Geschmack

Das **Feuer-Element** gehört zum Funktionskreis Herz (Yin) und Dünndarm (Yang). Das Herz ist der „Kaiser" der Organe. Alle Störungen und positiven Einflüsse, die sich in anderen Organen abspielen, werden im Herzen registriert.

Viele stressbedingte Erkrankungen schädigen die Energie des Herzens. Dies zeigt sich durch steigende Nervosität und kann bis zum Herzinfarkt führen.

Feuer steht für geistige Entwicklung, Inspiration, Intuition, Neugierde, Interesse und Lernen.

Gestärkt wird das Element durch rote und bittere Lebensmittel, wie Rote Bete, rote Früchte, Wermut, bittere Kräuter, Lammfleisch, Schafs- und Ziegenkäse.

Eigenschaften:	bitter, trocknet aus, leitet Energie nach unten
Zubereitungsarten:	Grillen, Braten mit viel Hitze
Konservierungsmethoden:	Räuchern, Sterilisieren, Einkochen

Thermische Wirkung der Lebensmittel im Feuer-Element

	Heiß:
Fleisch	Hammel, Lamm, Schaf, Ziege, alle gegrillten Fleischsorten
Kräuter/Gewürze	Bockshornkleesamen, Galgantwurzel, Zitronengras
Getränke	Bitterlikör, Cognac, Glühwein, Portwein, Madeira

	Warm:
Getreide	Buchweizen
Milchprodukte	Schafskäse, Ziegenkäse, Ziegenmilch
Kräuter/Gewürze	Beifuß, Kurkuma, Kakao, Mohn, Oregano, Rosenpaprika, Rosmarin, Thymian, Wacholderbeere, Salbei, Mohn
Getränke	Kaffee
Gemüse/Salat	Rosenkohl, Pastinake
Fleisch	Hühnerleber

	Neutral:
Gemüse	Feldsalat, Knollensellerie, Radicchio, Rapunzel
Fleisch	Kalbsbries, Rinderherz
Getränke	Barolo, Burgunder weiß

	Erfrischend:
Getreide	Roggen
Gemüse/Salat	Artischocke, Chicorée, Eisbergsalat, Endivie, grüner Salat, Löwenzahn, Olive, Rote Bete, Topinambur
Obst	Holunderbeere, Pampelmuse, Quitte
Kräuter/Gewürze	Salbei
Getränke	Altbier, Weizenbier

	Kalt:
Getränke	Enziantee, grüner Tee, Klettenwurzeltee, Löwenzahnwurzeltee, Schafgarbentee, schwarzer Tee, Wermut, Pils

Entsprechung der fünf Elemente

Feuer-Element

Himmelsrichtung	Süden
Jahreszeit	Sommer
Wetter	Hitze
Tageszeit	Mittag
Lebenszyklus	Lehrzeit
Organe	Herz, Dünndarm
Sinnesorgane	Zunge
Sinnesfunktion	Sprechen
Positive Eigenschaften	Optimismus, Begeisterung, Freude, Kommunikation, Zufriedenheit
Negative Yang-Emotion	Begierde
Negative Yin-Emotion	Schock, fehlende Freude
Farbe	rot
Geschmack	bitter
Körpergewebe/Struktur	Blut, Blutgefäße, Gesichtsfarbe
Tugend	Sittlichkeit
Tier	Ziege
Gefühlsäußerung	Lachen
Geist	Bewusstsein
Energiebewegung	expandierend
Zubereitungsart	Grillen, Braten, viel Hitze, offenes Feuer
Konservierungsart	Räuchern, Sterilisieren, Einkochen

Olivenpaste

Zutaten für 1 kleines Schraubglas

F	200 g Oliven, schwarz, ohne Stein
E	Olivenöl oder geröstetes Sesamöl
E	1–2 EL gerösteter Sesam
M	Pfeffer
W	Salz
H	1 Spritzer Zitrone

Vorbereitung:

- Sesam in der trockenen Pfanne rösten, so dass er duftet

Zubereitung:

■ Die Oliven pürieren. So viel Öl dazugeben, dass eine streichfähige Masse entsteht. Den gerösteten Sesam untermischen.

■ Mit Pfeffer, Salz und Zitrone abschmecken.

Tipp   *Wenn grüne Oliven verwendet werden, ist die Masse weniger geschmackvoll.*

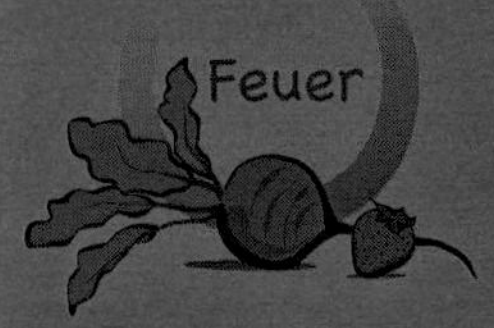

Rote-Bete-Carpaccio

Zutaten für 4 Portionen als Vorspeise

F	2 kleine junge Knollen (250 g)		H	2 EL Weißweinessig
	Rote Bete		E	1 EL geschälter Sesam
E	1 EL geröstetes Sesamöl		E	1 EL schwarzer Sesam
	und 2 EL Sonnenblumenöl			
M	1 Kästchen Kresse			
M	1/2 TL Senf			
M	Pfeffer			
W	Salz			

Vorbereitung:

- Die Rote-Bete-Knollen in Wasser ca. 30 Minuten kochen (je nach Größe), mit kaltem Wasser abschrecken und schälen
- Die Kresse bei Bedarf abbrausen, mit der Schere abschneiden und zur Seite stellen

Zubereitung:

■ Mit dem Messer oder mit einer Aufschnittmaschine die Rote Bete in möglichst dünne Scheiben schneiden und auf einer Platte auslegen.

■ Essig, Senf, Pfeffer und Salz mit dem Öl zu einem Dressing verrühren. Das Dressing vorsichtig über die Rote-Bete-Scheiben gießen. Die Kresse in kleinen Sträußchen zwischen die Rote-Bete-Scheiben setzen; die eine Hälfte mit hellem und die andere Hälfte mit schwarzem Sesam bestreuen.

■ Das Rote-Bete-Carpaccio am besten mehrere Stunden an einem kühlen Ort durchziehen lassen.

Tipp *Die Rote Bete kann auch roh verarbeitet werden. Das Carpaccio schmeckt dann kräftiger.*

Pfannkuchen mit Ziegenfrischkäse

Zutaten für 8 dünne Pfannkuchen

W	150 ml Wasser mit Kohlensäure		**Für die Füllung:**	
W	150 ml Sojamilch		F	150 g Ziegenfrischkäse
H	150 g Dinkelvollkornmehl		M	Pfeffer
F	1 Prise Rosenpaprika		W	Salz
E	1 EL Öl		H	2 Stengel Petersilie, glatt
E	2 Eier		F	1 Zweig Rosmarin
M	Pfeffer			

Vorbereitung:

- Petersilie waschen und trocken tupfen
- Die Blättchen abzupfen und fein schneiden
- Rosmarinnadeln mit dem Messer fein schneiden

Zubereitung:

■ Das Wasser mit der Sojamilch mischen. Die Eier mit dem Rührgerät schaumig rühren und das Mehl und die Flüssigkeit dazugeben. Mit Rosenpaprika, Öl und Pfeffer verrühren. Der Teig muss noch flüssig sein.

■ Ca. 1/4 Std. ruhen lassen, damit das Getreide quellen kann.

■ Füllung aus Ziegenfrischkäse, Pfeffer, Salz und den Kräutern zubereiten.

■ 8 dünne Pfannkuchen backen, mit der Ziegenfrischkäsemischung bestreichen und aufrollen.

Anmerkung:

Ist Öl im Teig, kann man das Öl zum Braten sparen.
Die Pfannkuchen können kalt oder warm gegessen werden.

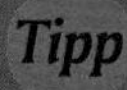

Tipp *Geschnittenen Bärlauch in den Teig geben und 8 dünne Pfannkuchen backen. Aufgerollt und in feine Streifen geschnitten können sie auch als Suppeneinlage verwendet werden.*

Kartoffel-Gemüsesalat mit Olivencreme

Zutaten für 4–6 Portionen

Für den Gemüsesalat:

E	400 g festkochende Kartoffeln
M	200 g kleine weiße Zwiebeln
W	Salz
H	400 g feste Tomaten
H	1/2 Bd Petersilie

Für die Salatsoße:

F	80 g schwarze Oliven

F	1 EL Kapern
E	1 EL Pinienkerne
E	4 EL Olivenöl
M	Pfeffer, frisch gemahlen
W	Salz
H	Rosenpaprika
F	2 EL Weißweinessig

Zum Garnieren: Oliven, Petersilie

Vorbereitung:

- Kartoffeln waschen
- Zwiebeln schälen
- Tomaten waschen, die Stielansätze entfernen und in feine Schnitze schneiden
- Petersilie waschen, trocken tupfen und fein hacken

Zubereitung:

■ Kartoffeln in einem Topf mit wenig Wasser zugedeckt bei mittlerer Hitze etwa 20 Minuten weich kochen lassen, pellen und in etwa 1 cm große Würfel schneiden.

■ Die Zwiebeln in kochendem Wasser etwa 4 Minuten blanchieren, bis sie bissfest sind, dann kalt abschrecken, gut abtropfen lassen und in feine Würfel schneiden.

■ Für die Salatsoße die Oliven entsteinen und mit Kapern, Pinienkernen und Öl im Mixer pürieren.

■ Mit Essig mischen, pfeffern und salzen. Kartoffeln, Zwiebeln und Tomaten vorsichtig mit der Olivenpaste und der Petersilie mischen und auf vier Teller verteilen.

■ Den Salat mit ganzen Oliven und Petersilienblättchen garnieren.

Tipp *Mit gehäuteten Tomaten ist der Salat abends besser verdaulich.*

Wildkräutersalat mit Kürbiskernen

Zutaten für 4 Portionen

H/F	Wildkräuter-Salatmischung		W	etwas Wasser
			E	grob gehackte Kürbiskerne
Dressing:			W	Sojasoße
H/F	2 EL Balsamico			
F	Rosenpaprika			
E	1 EL Olivenöl			
E	etwas Honig			
M	Pfeffer			
W	Salz			

Vorbereitung:

- Salat putzen, waschen und eventuell klein schneiden

Zubereitung:

■ Aus den restlichen Zutaten eine Salatsoße anrühren.

■ Die Kürbiskerne ohne Fett anrösten und sofort mit Sojasoße beträufeln.

■ Das Dressing mit dem Salat vermischen und mit den Nüssen bestreuen.

Anmerkung:

Wildkräuter immer mit anderen Salatsorten vermischen oder schon als fertige Wildkräuter-mischung kaufen, da sie sonst eine zu starke Wirkung auf den Körper haben.

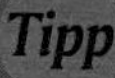

Tipp   *Die Salatsoße wird besonders cremig, wenn man den Milchschäumer verwendet.*

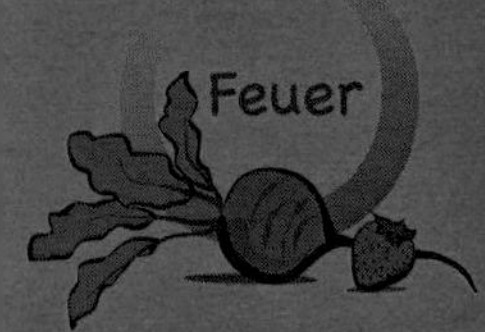

Überbackene Lammkoteletts

Zutaten für 4 Portionen

F	500 g Lammkarree mit je 12 Koteletts	M	1 Zwiebel
E	80 g Butter	M	2 Knoblauchzehen
H	40 g Vollkorntoastbrot	E	3 EL Öl
W	40 g Mandeln	F	2–3 EL Tomatenpesto
H	3–4 Stiele Petersilie	E	150 ml Brühe
F	3 Stiele Rosmarin	H	125 ml Weißwein
M	5–6 Minzblätter	M	1/2 getrocknete Chilischote, gestoßen
M	Pfeffer	W	3 EL Sojasoße
W	Salz		

Vorbereitung:

- Lammkarree waschen und trocken tupfen
- Toastbrot und Mandeln im Mixer zerkleinern
- Petersilie und Minze waschen, trocken tupfen und fein schneiden
- Zwiebel schälen und würfeln
- Knoblauch pellen und durch die Knoblauchpresse drücken
- Chilischote im Mörser zerstoßen

Zubereitung:

◼ Die Butter in einem Topf kurz aufschäumen und abkühlen lassen. Kräuter und die Nuss-Brot-Mischung unter die Butter rühren und mit Salz und Pfeffer würzen.

◼ Öl in einer ofenfesten Pfanne erhitzen und die Lammkarrees mit den Rosmarinstielen darin unter Wenden kurz und kräftig anbraten. Mit Pfeffer und Salz würzen, herausnehmen.

◼ Zwiebelwürfel und Knoblauch im heißen Bratfett kurz schmoren. Pesto unterrühren und mit Brühe und Weißwein ablöschen. Die zerkleinerte Chilischote mit der Sojasoße unterrühren und kurz aufkochen. Das Fleisch wieder in die Pfanne geben und die Kräuter-Nuss-Mischung auf die Oberseite des Karrees geben und gut andrücken.

◼ Im vorgeheizten Backofen – Umluft 100 °C (Niedrigtemperaturgaren) – ca. 30–40 Minuten garen. Lammkarree ca. 5 Minuten ruhen lassen. Dann in einzelne Koteletts schneiden und mit der Soße auf Tellern anrichten. Mit den restlichen Kräutern garnieren.

Tipp *Dieses Gericht macht zwar Arbeit, aber es lohnt sich.*

Buchweizenauflauf

Zutaten für 4–6 Portionen

F	200 g Buchweizen, ganz	E	2 Eier
E	300 ml Gemüsebrühe	M	2 Lorbeerblätter
E	250 g Austernpilze	M	2 Gewürznelken
E	5 Möhren	M	1 Zwiebel
E	250 g Staudensellerie	M	1 Knoblauchzehe
E	2 EL Olivenöl	M	Pfeffer
E	75 g Crème fraîche	W	Salz
F	1/2 Bd Rosmarin oder Thymian	E	2 EL geriebener Parmesan
F	Rosenpaprika		

Vorbereitung:

- Zwiebel schälen und in kleine Würfel schneiden
- Knoblauch schälen und zerdrücken
- Austernpilze putzen, eventuell mit einem Küchentuch abreiben und fein hacken
- Möhren schälen und in feine Streifen schneiden
- Kräuter waschen, trocknen, fein hacken
- Staudensellerie ebenfalls putzen und in feine Streifen schneiden
- Auflaufform einfetten, Backofen auf 200 °C vorheizen

Zubereitung:

Den Buchweizen kalt abspülen. Die Gemüsebrühe kochen, den Buchweizen mit den Lorbeerblättern und Nelken ca. 15 Minuten köcheln lassen. Die Herdplatte ausschalten und den Buchweizen ausquellen lassen.

Das Gemüse, die Zwiebeln und den Knoblauch in eine Pfanne geben und andünsten. Es sollte noch Biss haben. Abkühlen lassen und Crème fraîche mit den Eiern verquirlen und unter das Gemüse geben. Die gehackten Kräuter unterziehen.

Aus dem Buchweizen die Gewürze nehmen und unter die Gemüse-Sahne-Masse heben. Mit Pfeffer und Salz würzen.

Die Masse in eine gefettete Auflaufform geben und im Backofen etwa 30 Minuten backen. Nach 20 Minuten den geriebenen Käse darüberstreuen und fertig backen.

Tipp Buchweizen ist glutenfrei und daher für viele Menschen leicht verdaulich.

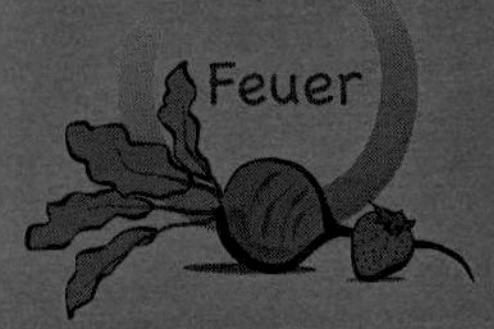

Rotweinbirnen in Gelee

Zutaten für 4 Portionen

F	3/4 l trockener Rotwein		**Für das Gelee:**	
E	1 Vanilleschote		F	3/4 l Sud (siehe oben),
E	1 Zimtstange			ggf. mit etwas Wasser auffüllen
M	2–3 Gewürznelken		W	1 1/2 TL Agar-Agar
W	1 Tasse Wasser		W	3 EL Wasser
E	4 Birnen		E	100 ml Sahne
H	1–2 EL Zitronensaft		F	1 EL geriebene Bitterschokolade
E	1–2 EL Vollrohrzucker oder Honig			

Vorbereitung:

- Vanilleschote halbieren und auskratzen
- Die Birnen schälen, Kerngehäuse entfernen und vierteln
- Agar-Agar im Wasser auflösen
- Sahne steif schlagen
- Schokolade auf der Reibe fein reiben

Zubereitung:

▪ Den Wein mit Vanilleschote, Zimtstange, Nelken und dem Wasser erhitzen. Die Flüssigkeit ca. 10 Minuten köcheln lassen.

▪ Die Birnenspalten in die kochende Flüssigkeit geben, mit Zitronensaft und Rohrzucker abschmecken. Die Birnen in dem Sud ca. 10 Minuten bei mittlerer Hitze garen. Die Früchte im Sud ca. 1 Std. ziehen und abkühlen lassen.

▪ Die Birnen herausnehmen und in 4 Schalen fächerförmig verteilen. Den Sud in einem Topf wieder aufkochen, das aufgelöste Agar-Agar einrühren und ca. 2–3 Minuten köcheln lassen. Die Flüssigkeit über die Birnen geben und mehrere Stunden im Kühlschrank aufbewahren.

▪ Die Sahne auf die vier Schalen verteilen und mit den Schokoraspeln garnieren.

Tipp   Statt Rotwein kann auch Holundersaft oder roter Traubensaft verwendet werden.

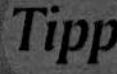

Erde

Erd-Element

gelbe Farbe, süßer Geschmack

Das **Erd-Element** wirkt auf den Funktionskreis Milz (Yin), Magen (Yang) und Bauch-speicheldrüse (Yin). Die Milz ist für den Transport und für die Umwandlung der Nahrungsessenz von Wasser und Feuchtigkeit verantwortlich. Sie ist am Aufbau des Blutes beteiligt, hält es in den Bahnen und stärkt Muskeln und Extremitäten.

Gestärkt wird das Element durch Getreide, Gemüse- und Obstsorten, Nüsse, Öle und natürliche Süßungsmittel. Die meisten Lebensmittel sind hier vertreten.

Eigenschaften:	süß, befeuchtet, entspannt, baut Qi auf, verteilt die Energie
Zubereitungsarten:	Schmoren, Dünsten, Garen mit Deckel
Konservierungsmethoden:	Kandieren, Kochen als Marmelade, Einlegen in Öl

Thermische Wirkung der Lebensmittel im Erd-Element

	Heiß:
Kräuter/Gewürze	Fenchelsamen, Zimt

	Warm:
Getreide	Amarant, Süßreis
Gemüse	Fenchel, Kastanie, Kürbis, Süßkartoffel
Obst	Aprikose, Korinthe, Pfirsich, Rosine, Süßkirsche
Milchprodukte	Kokosmilch
Kräuter/Gewürze	Vanille
Nüsse/Samen	Pinienkerne, Pistazie, Walnuss

	Neutral:
Getreide	Hirse, Maisgrieß
Gemüse	alle Kohlsorten, Buschbohne, Erbse, Karotte, Kartoffel, Rübe, Stangenbohne
Obst	Dattel, Feige, Pflaume, Traube
Fleisch	Kalb, Rind
Milchprodukte	Butter, Käse, (Kuh-)Milch, Sahne
Ei	
Kräuter/Gewürze	Safran
Süßungsmittel	Honig, Malz, Marzipan, Rohrzucker
Nüsse/Samen	Erdnuss, Haselnuss, Kokos, Mandel, Sesam
Getränke	Maishaartee, Malzbier, Süßholztee, Traubensaft

	Erfrischend:
Getreide	Gerste, Hefebrot
Gemüse	Aubergine, Avocado, Blumenkohl, Brokkoli, Champignon, Chinakohl, Mangold, Paprika, Schwarzwurzel, Sellerie, Spargel, Spinat, Zucchini
Obst	Apfel (süß), Birne, Honigmelone, Papaya
Kräuter/Gewürze	Estragon, Kuzu
Süßungsmittel	Ahornsirup
Nüsse/Samen	Cashewnuss, Sonnenblumenkerne
Speiseöle	Olivenöl, Sesamöl, Sojaöl, Sonnenblumenöl, Weizenkeimöl
Getränke	Apfelsaft, Gemüsesaft

	Kalt:
Gemüse	Gurke
Obst	Banane, Kaki, Mango, Wassermelone

Entsprechung der fünf Elemente

Erd-Element

Himmelsrichtung	Mitte
Jahreszeit	Übergangszeit, Erntesommer
Wetter	Feuchtigkeit
Tageszeit	Nachmittag
Lebenszyklus	Erwachsensein, Berufsleben
Organe	Milz, Magen, Bauchspeicheldrüse
Sinnesorgane	Mund
Sinnesfunktion	Schmecken
Positive Eigenschaften	Achtsamkeit, Logik, praktische Veranlagung
Negative Yang-Emotion	Fanatismus
Negative Yin-Emotion	Grübeln, Sich-Sorgen-Machen
Farbe	gelb, gold, braun
Geschmack	süß, harmonisierend
Körpergewebe/Struktur	Bindegewebe, Muskelmasse, Fettgewebe
Tugend	Vertrauen
Tier	Rind
Gefühlsäußerung	Singen
Geist	gesunder Menschenverstand, Logik
Energiebewegung	stabil, mittig
Zubereitungsart	Backofen, Schmoren, Kochen mit Deckel
Konservierungsart	Kandieren, Kochen als Marmelade, Einlegen in Öl

Kürbissuppe mit Apfel

Zutaten für 4 Portionen

E	750 g Kürbis (Hokkaido)	M	Pfeffer
E	200 g Äpfel, süß	E	200 ml Apfelsaft
M	1 Zwiebel	E	1–2 EL Honig
W	Salz	W	750 ml Sojamilch
H	Zitronensaft	E	gekochte Maronen
F	1 Prise Rosenpaprika		
E	50 g Butter		
M	etwas Zimt		

Vorbereitung:

- Den Kürbis waschen, die Kerne entfernen, zerteilen und würfeln
- Die Äpfel waschen, schälen, entkernen und in Viertel schneiden
- Zwiebel schälen und ebenfalls in feine Würfel schneiden

Zubereitung:

■ Kürbis, Äpfel und Zwiebel zusammengeben und mit Salz und Zitronensaft mischen. Butter in einen Topf geben und die Masse andünsten. Mit Rosenpaprika, Zimt und Pfeffer würzen.

■ Mit dem Apfelsaft ablöschen und bei geschlossenem Deckel ca. 15 Minuten köcheln lassen.

■ Den Honig dazugeben und alles pürieren. Sojamilch hinzufügen und nochmals kurz aufkochen.

■ In vorgewärmte Suppentassen geben, die gekochten Maronen darauf verteilen.

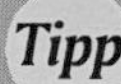

Tipp *Gekochte Maronen gibt es vakuumverpackt zu kaufen.*

Minestrone

Zutaten für 4–6 Portionen

E	1/2 TL Fenchelsamen		W	100 g grüne Bohnen
E	je 2 rote/gelbe Möhren		M	2 Schb Ingwer, geschält
H	1/2 (kleiner) Spitzkohl		M	1 Lorbeerblatt, 1 Knoblauchzehe
H	1 Tasse gewürfelte Tomaten		W	Salz
E	1–1,5 l Gemüsebrühe		M	Pfeffer
F	1/2 kleiner Fenchel		H	1 Zitronenscheibe
E	1/2 Zucchini		F	Rosenpaprika
E	5 Stangen grüner Spargel		M	je 1 EL Parmesan, gerieben, pro Teller

Vorbereitung:

- Möhren schälen, Spitzkohl waschen, beides in feine Würfel schneiden
- Tomaten kurz in heißem Wasser überbrühen und häuten, Stielansatz entfernen, würfeln
- Zucchini und Bohnen waschen, Spargelansatz schälen, Fenchelhälfte, Zucchini, Spargel und Bohnen fein würfeln
- Knoblauch schälen und in feine Scheiben schneiden, Parmesan reiben

Zubereitung:

■ Den Fenchelsamen im Topf trocken rösten. Danach fein geschnittene Möhren und Kohl sowie die gewürfelten Tomaten dazugeben und mit der Gemüsebrühe auffüllen.

■ Das Ganze ca. 5 Minuten leicht ziehen lassen, **nicht** kochen. Danach Fenchel, Zucchini, Spargel und Bohnen fein gewürfelt in die Brühe geben. 2 Scheiben Ingwer und die Knoblauchscheiben dazugeben, am Schluss auch die gehäuteten Tomatenwürfel, die Zitronenscheibe und das Lorbeerblatt hinzugeben und würzen.

■ Die Suppe ca. 20 Minuten leicht ziehen lassen, **nicht** kochen. Das Gemüse sollte noch Biss haben. Mit den Gewürzen abschmecken.
Auf Teller verteilen und den Parmesan darüberreiben.

Bemerkung:

Dazu passt Rucolapesto, wenn die Suppe ein feines mildes Aroma haben soll, Bärlauchpesto passt gut, wenn die Suppe einen kräftigeren Geschmack erhalten soll. Durch das Ziehen erhält die Suppe ein würziges Aroma, und das Gemüse bleibt bissfest.

H/K

Tipp *Am besten schmeckt die Suppe, wenn das Gemüse ganz fein in Rauten geschnitten wird (nicht für Anfänger).*

Brokkoli-Tapanade

Zutaten für 1 großes Schraubglas

E	500 g Brokkoli
M	Pfeffer
W	Salz
H	1 Spritzer Zitronensaft
F	Rosenpaprika
E	1 1/2 EL Rapsöl
E	1/2 EL geröstetes Sesamöl
E	2 EL Mandelblätter, geröstet

Vorbereitung:

- Den Brokkoli putzen, in Röschen teilen und waschen
- Die Stiele in kleine Würfel schneiden
- Mandelblätter rösten und grob hacken

Zubereitung:

■ Den vorbereiteten Brokkoli in etwas Salzwasser dünsten. In einem Sieb **gut** abtropfen lassen.

■ Das Gemüse abkühlen und kurz pürieren. Mit den Gewürzen abschmecken.

■ Das Öl unterrühren, so dass eine cremeartige Masse entsteht. Die gehackten Mandelblätter darunterheben. Bei Bedarf nochmals abschmecken.

Tipp — *Eine Tapanade kann man mit fast allen Gemüsesorten herstellen, sie dient als Brotaufstrich. Gute Möglichkeit der Resteverwertung.*

Lauwarmer Fenchelsalat

Zutaten für 2 Portionen

E	1 EL Butter
E	1 EL Honig
E	2 Fenchelknollen
M	Pfeffer
W	Salz
H	Balsamico
E	Walnüsse, geröstet
E	Fenchelgrün

Vorbereitung:

- Fenchel halbieren, waschen und fein schneiden
- Das Grün aufheben, waschen und fein hacken
- Walnüsse hacken

Zubereitung:

■ Einen Topf erhitzen, Butter und Honig darin schmelzen, die gehackten Walnüsse und die Fenchelstreifen kurz anbraten. Mit Pfeffer und Salz abschmecken.

■ Zum Schluss mit etwas Balsamico abschmecken. Das Gemüse soll noch knackig sein. Mit Fenchelgrün bestreuen.

Schmeckt warm und kalt, als Abendsalat gut geeignet.

Gemüsekuchen

Zutaten für 12 Stücke

H	150 g Weizenvollkornmehl	H	je 125 g Crème fraîche und Frischkäse
E	100 g Butter	F	Rosenpaprika
E	1 Ei	E	150 g süße Sahne
W	Salz	E	4 Eier
	Für den Belag:	E	1 EL Mandeln, gemahlen
E	250 g Brokkoli	M	Pfeffer und Muskat
E	250 g Blumenkohl	W	Salz
E	125 g Möhren	E	100 g geriebener würziger Käse

Vorbereitung:

- Den Brokkoli putzen, in Röschen teilen und waschen
- Die Stiele in kleine Würfel schneiden
- Mandelblätter rösten und grob hacken

Zubereitung:

■ **Für den Teig** Mehl, Butter, Ei und Salz mischen und gut kneten. Teig anschließend 1 Std. in den Kühlschrank stellen.

■ **Für den Guss** Frischkäse, Crème fraîche, Sahne, Eier und Mandeln verquirlen. Mit den Gewürzen und dem geriebenen Käse kräftig abschmecken.

■ Die gefettete Kuchenform mit dem Teig auslegen und einen Rand hochdrücken. Gemüse dicht darauf verteilen, mit dem Guss bedecken. Im vorgeheizten Backofen bei 175 °C 60 Minuten backen.

Anmerkung:

Zur Zeitersparnis bereitet man erst den Teig vor, gibt ihn in den Kühlschrank und begibt sich dann an das Vorbereiten des Gemüses.

H/K

Tipp *Es kann jedes andere Gemüse verwendet werden, daher ist der Kuchen eine gute Resteverwertung.*

Pizza

Zutaten für ca. 10 Stücke, je nach Größe

E	1 l Gemüsebrühe	M	200 g Gorgonzola
E	250 g Maisgrieß (Polenta)	M	2 Knoblauchzehen
E	100 g Sahne	M	Muskat
H	750 g Spinat, frisch,	M	Pfeffer
	oder 1 Paket Tiefkühlspinat	W	Salz
H	200 g getrocknete Tomaten	F	Rosenpaprika
	oder 300 g Kirschtomaten		
E	2 EL Olivenöl		

Vorbereitung:

- Spinat putzen, waschen und abtropfen
- Getrocknete Tomaten in Streifen schneiden
- Frische Tomaten waschen, Stielansatz entfernen und halbieren
- Knoblauch schälen und mit dem Messer zerhacken
- Gorgonzola in Würfel schneiden
- Kleines Blech einfetten

Zubereitung:

■ Maisgrieß in die Gemüsebrühe streuen und aufkochen lassen. Ca. 10 Minuten bei schwacher Hitze ausquellen. Vom Herd nehmen, die Sahne unterrühren und mit den Gewürzen gut abschmecken. Die Masse **sofort** auf ein gefettetes Backblech streichen.

■ **Für den Belag:** Knoblauch in der Pfanne im Olivenöl anbraten, den Spinat dazugeben; zusammenfallen lassen und würzen.

■ Spinat (ohne Saft) auf der Polenta verteilen. Die beiden Tomatensorten darübergeben und mit Gorgonzola bestreuen.

■ Im vorgeheizten Backofen (E-Herd 200 °C, Umluft 175 °C) ca. 15 Minuten überbacken.
In Stücke teilen und heiß servieren.

Anmerkung:

Geeignet bei Glutenunverträglichkeit.

H/K

Tipp   *Den Maisgrieß mit der Gemüsebrühe aufkochen, dann spritzt die Masse nicht aus dem Topf.*

Süßkartoffelpüree

Zutaten für 4 Portionen

E	750 g Kartoffeln		F	Rosenpaprika
	(vorwiegend festkochend)		E	1 El Olivenöl
E	1 Süßkartoffel, mittelgroß		M	Pfeffer, weiß
W	Salzwasser		M	1 Bd Lauchzwiebeln
H	1 EL gehackte Petersilie, glatt			

Vorbereitung:

- Kartoffeln und Süßkartoffel schälen, waschen und in Stücke schneiden
- Lauchzwiebeln putzen, waschen und in ca. 3 cm lange Rauten schneiden
- Petersilie waschen, mit Küchenpapier abtupfen und fein hacken

Zubereitung:

■ In so viel Salzwasser garen, dass die Kartoffeln bis zur Hälfte bedeckt sind. Garzeit ca. 10 Minuten.

■ Die Kartoffeln stampfen und mit den Gewürzen und Petersilie abschmecken.

■ Das Öl erhitzen, die Lauchzwiebeln darin ca. 3 Minuten braten.

■ Den Kartoffelbrei auf 4 Teller verteilen und die Lauchzwiebeln darüber garnieren.

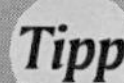
Tipp *Passt gut zu Lammgerichten.*

Hirse

Grundrezept für 4 Portionen

E	1 Tasse Hirse
F	3–4 Tassen Wasser

Zubereitung:

■ In einem Topf das Wasser erhitzen.
Hirse einstreuen und aufkochen, dann auf
kleinster Heizstufe mit geschlossenem Deckel
etwa 15–20 Minuten quellen lassen.

Variante:

Damit die Hirse erwärmender wirkt, röstet man sie in trockenem Zustand unter ständigem
Rühren in einem Topf an, bis sie einen angenehmen Duft entfaltet. Dann gießt man etwas
weniger als die oben angegebene Menge heißes Wasser ein und lässt die Hirse etwa 20
Minuten bei geschlossenem Deckel auf kleinster Heizstufe quellen.

Empfehlung:

Bei Heißhunger auf Süßes, Übergewicht, Wasseransammlung, Appetitlosigkeit, Blähungen,
Sodbrennen, Völlegefühl, Blasenschwäche, breiigem Stuhlgang und allen weiteren Verdauungs-
beschwerden.

Tipp *Hirse enthält viel Kieselsäure und Eisen. Es gibt sie auch als Braunhirse,
die im Bioladen unter Nahrungsergänzungen zu finden ist.*

Kokos-Panna-cotta mit Fruchtsoße

Zutaten für 4–6 Portionen

E	400 ml Kokosmilch	**Für die Fruchtsoße:**
E	100 ml Schlagsahne	200 g saftige Früchte, z. B. Beeren,
E	1 Msp gemahlene Vanille	Pfirsiche, Erdbeeren oder Rhabarber,
E	1–2 EL brauner Rohrzucker	etwas Zucker nach Belieben
W	1 gestrichener TL Agar-Agar	

Zum Garnieren:

Pfefferminz- oder Zitronenmelisseblättchen

Vorbereitung:

- Sahne und Kokosmilch mischen
- Das Agar-Agar in 2–3 EL Wasser anrühren
- Form mit kaltem Wasser ausspülen
- Obst waschen, putzen und ggf. schälen

Zubereitung:

■ Die Kokosmilch-Sahne-Mischung mit der Vanille und dem Zucker unter gelegentlichem Rühren in einem kleinen Topf 8–10 Minuten köcheln lassen. Das angerührte Bindemittel in die Sahne einrühren und 2–3 Minuten leicht kochen lassen.

■ Die Masse in die Schüssel oder in kleine Förmchen gießen, mindestens 1 Stunde abkühlen und dabei fest werden lassen.

■ Für die Fruchtsoße das vorbereitete Obst mit Zucker nach Belieben pürieren. Die Schüssel oder die Förmchen kurz in heißes Wasser tauchen und die Panna cotta stürzen; mit der Fruchtsoße auf Teller geben. Mit den grünen Blättchen garnieren und servieren.

Tipp   *Statt Agar-Agar kann auch ein anderes Bindemittel vewendet werden.*

Kürbis-Mascarpone-Creme

Zutaten für 8 Portionen

E	750 g Hokkaido-Kürbis		H	2 EL Zitronensaft
E	150 ml Apfelsaft		E	geröstete Mandelblätter
E	1 EL Ahornsirup			
E	3–4 EL Amaretto			
H	100 g Mascarpone			
H	150 g Naturjoghurt			
E	1 EL Honig			
M	1 TL Zimt			

Vorbereitung:

- Den Kürbis waschen, Kerne entfernen und mit der Schale in kleine Würfel schneiden
- Mascarpone und Joghurt zu einer Creme verrühren
- Mandelblättchen in der Pfanne trocken rösten

Zubereitung:

■ Kürbiswürfel mit dem Apfelsaft und dem Ahornsirup ca. 10 Minuten köcheln lassen. 1/3 der Menge mit Amaretto und Süßungsmittel pürieren und mit der Creme vermengen. Mit Ahornsirup und Zitronensaft abschmecken.

■ Creme und gewürfelten Kürbis schichtweise in Gläser einfüllen und mit den gerösteten Mandelblättern bestreuen. Kalt stellen.

Tipp *Hokkaido ist ein Kürbis, den man mit der Schale verwenden kann.*

Polenta-Kuchen

Zutaten für 26er-Springform

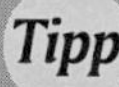

E	125 g Polenta (Maisgrieß)		E	2 x 50 g Rohrzucker
W	1/2 l Wasser, 1 TL Salz		E	2 x 30 g Pinien-/Sonnenblumenkerne,
E	40 g Haselnüsse, grob gehackt			Mandelstifte oder gehackte Walnüsse
E	40 g Rosinen, eingeweicht		M	1/2 TL Zimt
E	2 Eier		H	1 TL Weinstein-Backpulver
H	150 g Quark (20 % Fett)		H	1 TL Zitronen- oder Orangenschale
F	1 Prise Kakaopulver		E	30 g Butterflöckchen,
E	3 El Milch		E	Butter für die Form

Vorbereitung:

- Rosinen einweichen (in warmem Rum oder Wasser)
- Milch und Eier verrühren
- Eier trennen
- Eiweiß mit 50 g Rohrzucker und Zimt zu steifem Schnee schlagen
- Kuchenform einfetten
- Backofen vorheizen

Zubereitung:

■ Wasser aufkochen, Maisgrieß einrieseln lassen und ca. 10–12 Minuten unter Rühren auf kleiner Hitze kochen. Abkühlen lassen.

■ Unter die abgekühlte Polenta werden Haselnüsse, Rosinen, die Quarkmasse, 2 Eigelb, abgeriebene Schale von Zitrone oder Orange, Backpulver, restlicher Rohrzucker und 30 g Pinienkerne gemischt. Den Zimt-Eischnee vorsichtig unter die Polenta heben, in eine gefettete Form streichen und im vorgeheizten Backofen auf 190 °C, 2. Einschubleiste, 10 Minuten backen.

■ Herausnehmen, 30 g Pinienkerne (oder andere Saaten) sowie Butterflöckchen auf dem Kuchen verteilen. 30 Minuten weiterbacken. Gegebenenfalls mit Backpapier abdecken.

■ Den Kuchen lauwarm servieren.

Anmerkung:

Geeignet bei Glutenunverträglichkeit.

H/K

Tipp *Dazu passt Obstkompott, Rote Grütze oder Cranberry-Kompott mit Zimtsahne. Wird Schnellkochpolenta verwendet, dann reduziert sich die Kochzeit auf 2 Minuten.*

Nuss-Möhren-Torte mit Himbeersahne

Zutaten für 28er-Springform

E	4 Eigelb	E	4 Eischnee
E	180 g Honig	M	1 Prise Zimt
H	abgeriebene Schale von 1 Zitrone		
H	100 g Dinkelmehl		**Für die Füllung:**
E	2 TL Backpulver	E	300 ml Sahne
F	50 g Buchweizenmehl	E	2 EL Honig oder Ahornsirup
E	250 g Möhren, fein geraspelt	H	125 g Himbeeren
W	150 g Walnüsse, gemahlen	E	1 EL Amaretto

Vorbereitung:

- Eier trennen, Eiweiß mit dem Rührgerät zu einem festen Eischnee schlagen und kühl stellen
- Buchweizen fein mahlen
- Möhren schälen und fein raspeln
- Walnüsse fein mahlen, einige hacken
- Himbeeren verlesen
- 28-cm-Springform einfetten
- Backofen auf 160 °C vorheizen

Zubereitung:

Eigelb mit Honig und Zitronenschale mit dem Rührgerät zu einer cremigen Masse rühren.
In die Eigelbmasse vorsichtig das Weizen- und Buchweizenmehl geben, mit Backpulver, Nüssen und Karotten vermischen. Das steife Eiweiß unterheben und mit dem Zimt abschmecken.

Die Masse in die gefettete Form füllen und bei 160–170 °C im vorgeheizten Backofen ca. 40 Minuten backen. Mit Pergamentpapier oder Alufolie abdecken und weitere 10 - 15 Minuten backen. Einige Stunden auskühlen lassen, anschließend z. B. in Alufolie einpacken.

Am nächsten Morgen 1-mal längs durchschneiden. Die Sahne steif schlagen und mit Amaretto aromatisieren. Himbeeren vorsichtig unterheben und 2/3 der Masse auf den unteren Boden streichen. Den zweiten Boden auflegen und den Rest der Sahne über den oberen Boden geben und verstreichen (auch auf dem Rand). Mit gehackten Walnüssen bestreuen.

H/K

> **Tipp** *Buchweizen und Dinkelmehl gibt es fertig gemahlen im Reformhaus oder Bioladen.*

Metall

Metall-Element

Das **Metall-Element** gehört zum Funktionskreis Lunge (Yin) und Dickdarm (Yang). Die Lunge ist für das Qi sowie für die Atmung zuständig. Das Metall-Element kontrolliert den Wasserhaushalt, die Haut- und Körperbehaarung sowie die Oberfläche der Haut mit den Poren (Schwitzen).

Gestärkt wird das Element durch Lebensmittel mit einem scharfen Geschmack wie Ingwer, Zwiebel oder Meerrettich.

Eigenschaften:	scharf, löst Stangation, leitet nach oben
Zubereitungsarten:	Backen, Drucktopf, trockene Wärme
Konservierungsmethoden:	Trocknen, Darren, Einlegen in Alkohol mit scharfen Gewürzen

Thermische Wirkung der Lebensmittel im Metall-Element

	Heiß:
Kräuter/Gewürze	Cayennepfeffer, Chili, Curry, Muskat, Nelke, Pfeffer, Piment, Sternanis, Tabasco®, Anis, Galgantwurzel, Zitronengras
Getränke	Korn, Whisky, Wodka, Yogitee

	Warm:
Getreide	Hafer
Gemüse	Frühlingszwiebel, Lauch, Meerrettich, Zwiebel
Fleisch	Fasan, Hirsch, Rebhuhn, Reh, Wachtel, Wildschwein, Weilente
Milchprodukte	Harzer Käse, Münster- und Schimmelkäse
Getränke	Reiswein/Sake
Kräuter/Gewürze	Basilikum, Cumin, Dill, Ingwer, Kardamon, Knoblauch, Koriander, Kümmel, Liebstöckel, Lorbeer, Majoran, Schnittlauch, Senf

	Neutral:
Fleisch	Hase, Gans
Kräuter/Gewürze	Gartenkresse, Kapuzinerkresse, Bohnenkraut
Gemüse	Knollensellerie

	Erfrischend:
Getreide	Reis
Gemüse	Kohlrabi, Radieschen, Rettich, Zwiebel
Fleisch	Pute, Truthahn, Wildkaninchen
Getränke	Pfefferminztee

	Kalt:
Obst	Rhabarbar
Gemüse	Spargel, Gemüsezwiebel

Entsprechung der fünf Elemente

Metall-Element

Himmelsrichtung	Westen
Jahreszeit	Herbst
Wetter	Trockenheit
Tageszeit	Nachmittag
Lebenszyklus	Rentenzeit
Organe	Lunge, Dickdarm
Sinnesorgane	Nase
Sinnesfunktion	Riechen
Positive Eigenschaften	Zuverlässigkeit, Gefühl für angemessene Grenzen
Negative Yang-Emotion	Egoismus
Negative Yin-Emotion	Traurigkeit
Farbe	grau, silber, weiß
Geschmack	scharf, pikant
Körpergewebe/Struktur	Haut, Körperhaare, Unterlippe
Tugend	Redseligkeit
Tier	Pferd
Gefühlsäußerung	Weinen
Geist	Überlebensinstinkt
Energiebewegung	absinkend
Zubereitungsart	Backen, Drucktopf
Konservierungsart	Trocknen, Darren

Exotische Wintergemüsesuppe

Zutaten für 4–6 Portionen

W	100 g Kichererbsen	M	2 Sternanis
W	Wasser	M	3 getrocknete Chilischoten
E	200 g Möhren	W	Salz
E	200 g Chinakohl (oder anderer Kohl)	E	4 getrocknete Aprikosen, ungeschwefelt
E	1,2 l Gemüsebrühe	H	60 g Couscous
	(1,5 EL gekörnte Gemüsebrühe)	H	1/2 Bd Petersilie, glatt
M	1 Zimtstange	F	Kurkuma
M	1/2 TL Kreuzkümmel	E	1 EL Olivenöl

Vorbereitung:

- Die Kichererbsen über Nacht in Wasser einweichen
- Möhren schälen und in feine Scheiben schneiden
- Chinakohl halbieren, waschen und in feine Streifen schneiden
- Aprikosen in feine Stücke schneiden
- Petersilie waschen, trocken tupfen und die Blättchen fein schneiden

Zubereitung:

■ Am nächsten Morgen das Wasser abschütten, die Kichererbsen in frischem Wasser ca. 30 Minuten kochen und dann abschütten.

■ Gemüsebrühe aufkochen, die Gewürze und die Möhren dazugeben und alles bei geschlossenem Deckel 10 Minuten köcheln lassen.

■ Aprikosenstreifen mit Chinakohl und Couscous noch mal aufkochen und ca. 5 Minuten weiterköcheln lassen. Mit Petersilie, Kurkuma und Öl abschmecken. Kichererbsen dazugeben.

Tipp *Diese Suppe stärkt das Immunsystem.*

Rettich-Frischkäse-Aufstrich

Zutaten für 4–6 Portionen

E	200 g Frischkäse
M	300 g Rettich, geraspelt
M	Pfeffer
M	etwas Meerrettich
W	Salz
H	1 Spritzer Zitrone
F	1 Msp Rosenpaprika

Vorbereitung:

- Rettich waschen und schälen

Zubereitung:

■ Den Rettich auf der Reibe fein raspeln, stehen lassen, dann ausdrücken, damit die Flüssigkeit verloren geht.

■ Den Frischkäse mit dem geraspelten Rettich verrühren. Mit den Gewürzen und dem Meerrettich fein abschmecken.

Tipp *Bei Übergewicht Frischkäse mit Joghurt nehmen, dann aber weniger Rettich verwenden, sonst wird die Masse zu flüssig.*

Radieschensalat

Zutaten für 2 Portionen

M	1 Bd Radieschen mit Kraut	F	Rosenpaprika
	(Bioqualität)	E	1,5 l Gemüsebrühe
M	Pfeffer	E	1 EL Rapsöl
W	Salz	E	1 EL geröstetes Sesamöl
H	1 EL weißer Balsamico		

Vorbereitung:

- Die Radieschen vom Kraut befreien, beides waschen und trocken tupfen
- Das Kraut in feine Streifen schneiden

Zubereitung:

■ Radieschen in Scheiben schneiden und mit dem Radieschenkraut in eine Schüssel geben.

■ Die restlichen Zutaten in ein Schraubglas geben, den Deckel gut schließen und kräftig schütteln.

■ Vor dem Servieren die Radieschenscheiben und das Kraut mit der Salatsoße begießen und mischen. In 2 Schalen aufteilen.

Tipp *Hilft bei Verstopfung, befeuchtet den Dickdarm.*

Blumenkohlcurry in Kokossoße

Zutaten für 4–5 Portionen

E	1 Blumenkohl	M	Pfeffer
W	Wasser und Meersalz	M	mittelscharfer Curry nach Geschmack
E	1/2 rote Paprikaschote	E	1 EL Rapsöl
M	1 kleines Stück rote Chilischote	E	1 Tasse Kokosmilch
M	1 Knoblauchzehe		

Vorbereitung:

- Blumenkohl putzen, in Röschen teilen und waschen
- Rote Paprika waschen, halbieren und in feine Streifen schneiden
- Knoblauch schälen und hacken

Zubereitung:

■ Die Blumenkohlröschen in Salzwasser kurz blanchieren. Sie sollten noch Biss haben.

■ Das Öl in der Pfanne erhitzen, den gehackten Knoblauch, die Chilischote und die Paprikastreifen darin anbraten.

■ Curry, Pfeffer und Salz dazugeben und mit Kokosmilch aufgießen. Die gekochten Blumenkohlröschen dazugeben und kurz erwärmen.

H/K

Tipp   *Den Strunk des Blumenkohls zerkleinern und mitverwenden.*

Risotto mit Spitzkohl

Zutaten für 4 Portionen

M	1 Zwiebel	E	1,5 l Gemüsebrühe
M	1 Knoblauchzehe	E	500 g Spitzkohl
M	Pfeffer	E	2 EL Sesam
E	4 EL Olivenöl	E	125 ml Sahne
M	300 g Naturreis	E	50 g Parmesankäse, gerieben
W	Salz		
H	Saft von 1 Zitrone		
F	Rosenpaprika		

Vorbereitung:

- Zwiebel und Knoblauch schälen und klein schneiden
- Spitzkohl waschen, putzen und in feine Streifen schneiden
- Parmesan fein reiben

Zubereitung:

■ Zwiebel und Knoblauch mit dem Reis in 2 EL Olivenöl anbraten. Pfeffer und Salz dazugeben. Mit Zitronensaft und Rosenpaprika würzen.

■ Die Hälfte der Gemüsebrühe angießen und aufkochen lassen. Ca. 15 Minuten bei schwacher Hitze garen.

■ Den Spitzkohl zum Reis dazugeben, mit der restlichen Brühe aufgießen und fertig garen.

■ Das restliche Öl erhitzen, den Sesam anrösten, bis er duftet, unter das Risotto mischen. Sahne dazugeben. Den geriebenen Parmesankäse vorsichtig unterziehen.

H/K

Tipp *Bei Übergewicht kann die Sahne durch Sojacreme ersetzt werden.*

Reiscreme

Zutaten für 4–6 Portionen

E	1 EL Mandeln		H	etwas Zitronensaft
E	1 EL Walnüsse		E	50 g getrocknete Aprikosen
E	1 EL Butter		E	50 g getrocknete Pflaumen
E	1 Apfel		E	30 g Rosinen
M	etwas Zimt		E	Sojamilch, nach Bedarf
M	150 g Basmatireis		E	Vanillepulver
W	Salz			
F	1 TL Kakaopulver			

Vorbereitung:

- Aprikosen und Pflaumen in Wasser mit 1 EL Zitronensaft über Nacht einweichen
- Mandeln und Walnüsse hacken
- Apfel waschen, ggf. schälen und in Spalten schneiden

Zubereitung:

■ Nüsse in Butter rösten. 1 Tasse Reis mit 3 Tassen Wasser und 1 Prise Salz ca. 25 Minuten kochen.

■ Apfelspalten mit Rosinen und Zimt in etwas Wasser dünsten. Die eingeweichten Aprikosen und Pflaumen hacken und in Butter dünsten, so dass ein süßer Brei entsteht.

■ Die Apfel-Rosinen-Zimtmischung in den gekochten Reis geben und mit so viel Sojamilch auffüllen, dass eine geschmeidige Masse entsteht.

■ Mit der Nussmischung und dem süßen Brei verrühren und alles noch mal aufkochen. Mit Vanillepulver abschmecken.

Tipp *Geeignet für eine Frühstücksmahlzeit.*

Haferkekse

Zutaten für 2 Bleche

E	125 g Butter		E	100 g Mandelstifte
E	2 Eier		E	1 1/2 TL Backpulver
E	80 g brauner Zucker		E	2 EL Sesam
M	90 g feine Haferflocken		E	2 EL gemahlene Hirse
M	60 g kernige Haferflocken		F	1/2 Tafel geriebene Bitterschokolade
W	1 Prise Salz			
H	80 g Dinkelmehl			
F	1 Msp Kakaopulver			

Vorbereitung:

- Die groben und feinen Haferflocken mischen
- Hirse in einer alten Kaffeemühle fein mahlen
- Schokolade auf der Reibe fein raspeln
- Backblech einfetten
- Backofen auf 180 °C vorheizen

Zubereitung:

■ Weiche Butter und die Eier mit dem Rührgerät schaumig rühren. Den Zucker einrieseln lassen und weiterrühren, bis eine cremige Masse entstanden ist.

■ Die Haferflocken und die restlichen Zutaten nach und nach untermischen.

■ Mit einem Teelöffel kleine Häufchen der Keksmasse auf das gefettete Backblech geben und bei 180 °C 20 Minuten backen.

Tipp *Wenn die Kekse weicher sein sollen, 1/8 l Sojamilch unter die Masse rühren und weiter wie oben verfahren.*

Ingwertee

Zutaten für 1 l

E	1 EL Fenchelsamen		M	1 Stück frischer Ingwer
M	4 Kardamom-Kapseln			

Vorbereitung:

- Die Kardamom-Kapseln im Mörser zerstoßen
- Ingwer schälen und in Stücke schneiden

Zubereitung:

■ Fenchelsamen mit Kardamom und Ingwerstücken in eine Kanne geben. Mit 1 l kochendem Wasser überbrühen und ca. 15 Minuten ziehen lassen.

■ Danach absieben und über den Tag verteilt trinken.

Tipp:

Vertreibt die Kälte.

Ingwersud vor und bei Erkältung

Zutaten für 1 Tasse

M	1 EL Ingwer mit Schale		E	1 TL Honig
W	2 Tassen Wasser			

Zubereitung:

■ Ingwer waschen und klein schneiden. Mit den 2 Tassen Wasser ca. 10 Minuten offen im Topf köcheln lassen.

■ Abschütten (es bleibt 1 Tasse übrig).

■ Etwas abkühlen lassen, mit Honig süßen.

Tipp *Ingwersud am besten schon trinken, bevor die Erkältung beginnt. Wirkt antibakteriell. Die Schale wird mitverwendet, da der Ingwer so viel kräftiger wirkt und mehr Hitze verbreitet.*

Wasser

Wasser-Element

blaue Farbe, salziger Geschmack

Das **Wasser-Element** wirkt auf den Funktionskreis Niere (Yin) und Blase (Yang). Die Niere ist die Wurzel des Lebens. Sie speichert die Essenz, reguliert die Geburt, das Wachstum, die Fortpflanzung und die Entwicklung.

Gestärkt wird das Element durch Hülsenfrüchte, Bohnen, Meeresalgen und Fisch.

Gerichte sind vorzugsweise solche, die den Körper erwärmen, z.B. Suppen und Eintöpfe.

Eigenschaften: salzig, weicht auf, leitet nach unten

Zubereitungsarten: Wasserbad, Blanchieren

Konservierungsmethoden: Pökeln, Salzen

Thermische Wirkung der Lebensmittel im Wasser-Element

	Heiß:
Gewürze	Fenchelsamen, Sternanis, Bocksdornfrucht
Fisch	Lachs, geräucherter Fisch

	Warm:
Gewürze	Kümmel, Nelken
Samen	Sesam
Gemüse	Trüffel (schwarz)
Getränke	Sherry
Fisch	Aal, Barsch, Forelle, Garnele, Hummer, Kabeljau, Languste, Miesmuschel, Scholle, Shrimps, Sardelle, Thunfisch

	Neutral:
Gewürze	Agar-Agar
Hülsenfrüchte	Erbse, Linse, rote Sojabohne, Saubohne
Sojaprodukte	Tofu
Fisch	Karpfen, Steinbeißer, Rotbarbe, Schleie, Wels

	Erfrischend:
Hülsenfrüchte	gelbe Sojabohne, Kichererbse
Fisch	Calamari, Tintenfisch, Seeteufel, Seezunge, Heilbutt, Scholle, Schellfisch

	Kalt:
Gewürze	Miso, Salz, Sojabohne, Algen
Hülsenfrüchte	Mungobohne
Fisch/Muscheln	Auster, Kaviar, Seewolf
Getränke	Mineralwasser

Entsprechung der fünf Elemente

Wasser-Element

Himmelsrichtung	Norden
Jahreszeit	Winter
Wetter	Kälte
Tageszeit	Nacht
Lebenszyklus	Tod und Wiedergeburt
Organe	Niere, Blase
Sinnesorgane	Hören
Positive Eigenschaften	Charisma, Durchhaltevermögen
Negative Yang-Emotion	Herrschsucht, Tyrannei
Negative Yin-Emotion	Angst, Mutlosigkeit
Farbe	blau, schwarz
Geschmack	salzig
Körpergewebe/Struktur	Knochen, Knochenmark, Gehirn, Zähne, Gelenke
Tugend	Weisheit
Tier	Schwein
Gefühlsäußerung	Stöhnen
Geist	Willenskraft
Energiebewegung	zusammenziehend, speichernd
Zubereitungsart	Wasserbad, Blanchieren
Konservierungsart	Pökeln

Grüne Erbsensuppe

Zutaten für 4 Portionen

E	70 g Möhren		M	1 Knoblauchzehe
W	1 kleine Zwiebel		M	2 Lorbeerblätter
W	200 g grüne Schälerbsen		M	1 kleines Stück Ingwer
H	1 Scheibe Zitrone		W	1 kleines Stück Wakame (Alge)
E	1 1/4 l Gemüsebrühe		M	Pfeffer
E	1 EL Butter		W	Salz
M	2 Frühlingszwiebeln		W	Sojasoße
E	100 g braune Pilze			

Vorbereitung:

- Möhren waschen, schälen und fein würfeln
- Zitrone waschen und 1 Scheibe abschneiden
- Zwiebel schälen und fein würfeln
- Frühlingszwiebeln waschen und in feine Stücke schneiden
- Pilze ggf. mit einem Küchentuch von Erde befreien und in feine Streifen schneiden
- Knoblauch schälen
- Ingwer schälen und halbieren

Zubereitung:

■ Möhren, Zwiebel und Erbsen in die Gemüsebrühe geben. Aufkochen, dann die Zitronenscheibe, die Lorbeerblätter, den Ingwer und die Alge dazugeben und ca. 45 Minuten auf kleiner Flamme köcheln lassen. Danach die Gewürze und die Zitronenscheibe herausnehmen.

■ 2/3 der Masse mit dem Pürierstab fein zerkleinern und wieder alles zusammenrühren. Es soll eine cremige Suppe entstehen.

■ Die Butter in der Pfanne leicht erwärmen und die Knoblauchzehe hineinpressen. Dazu kommen die Frühlingszwiebeln und die Pilze. Kurz schmoren lassen und mit Pfeffer und Salz abschmecken.

■ Die Suppe auf 4 Suppenteller verteilen. Die Zwiebel-Pilz-Mischung daraufgeben und mit je 1 EL Sojasoße garnieren.

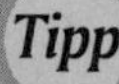

Tipp *Wenn Algeninstant verwendet wird, dann 1 TL nehmen.*

Schwarzer Bohnenaufstrich

Zutaten für 4 Portionen

W	2 Tassen schwarze Bohnen
E	1/2 l Gemüsebrühe
H	1 Spritzer Zitrone
F	Rosenpaprika
E	1 EL Sesamöl
M	1 TL geriebener Ingwer
W	1 Stück Wakame (Alge)
W	Sojasoße, nach Geschmack

Vorbereitung am Vortag:

- 2 Tassen schwarze Bohnen in kaltem Wasser über Nacht einweichen lassen

Zubereitung:

■ Das Einweichwasser wegschütten, die schwarzen Bohnen mit 4 Tassen Gemüsebrühe aufsetzen.

■ Zitronensaft, Rosenpaprika und geriebenen Ingwer zufügen. Ein Stück Wakame dazugeben und so lange kochen, bis die Bohnen weich sind (ca. 1–1,5 Std.).

■ Mit dem Pürierstab pürieren, mit Sesamöl und reichlich Sojasoße abschmecken. Es sollte eine streichfähige Masse entstehen. Ist die Masse zu fest, noch etwas Gemüsebrühe unterrühren.

Tipp *Die Bohnen können für 2–3 Tage vorgekocht und auch für andere Mahlzeiten verwendet werden.*

„Dal" – Linsenpüree

Zutaten für 4 Portionen

E	450–500 ml Gemüsebrühe	M	1 EL frisch geriebener Ingwer
W	150 g rote Linsen	M	1/4 TL Cayennepfeffer
W	1/2 TL Salz	M	1/2 TL gemahlener Kardamom
H	ca. 1/2 EL Zitronensaft	M	1 Knoblauchzehe
H	1 Stängel frisches Koriandergrün	M	1/2 TL gemahlener Kreuzkümmel
	oder glatte Petersilie		(Cumin)
F	1/4 TL Kurkuma (Gelbwurz)		
E	1 EL Öl		

Vorbereitung:

- Die Linsen in einem Haarsieb waschen
- Den Ingwer schälen, möglichst fein reiben
- Die glatte Petersilie oder Koriandergrün waschen, trocknen und fein hacken
- Knoblauch ebenfalls fein hacken
- Zitrone waschen, halbieren und auspressen

Zubereitung:

■ Linsen in 450 ml Gemüsebrühe circa 30 Minuten köcheln lassen. Beim Kochen ab und zu den entstehenden Schaum abnehmen und die zerfallenen Linsen am Ende der Garzeit salzen.

■ Ingwer zusammen mit Kurkuma, Cayennepfeffer und Kardamom zu den Linsen rühren. Die Linsen weitere 10 Minuten köcheln lassen, bei Bedarf noch wenig Brühe zugeben, so dass das Gericht die Beschaffenheit eines dicklichen Breis bekommt.

■ In einem kleinen Topf das Öl erhitzen und den Knoblauch und das Cumin kurz darin anrösten. Etwa die Hälfte der gehackten Blätter und den Zitronensaft zugeben, kurz zusammen erwärmen und unter das Linsenpüree ziehen.

■ Das Dal mit den restlichen Petersilienblättern bestreuen und zusammen mit Reis oder Hirse servieren.

Anmerkung:

Mit Hirse oder Reis ergibt sich eine pflanzliche Eiweißverbindung, die Fleisch (durch die biologische Wertigkeit) ersetzt.

Tipp Dieses „Dal" kann auch als kalter Brotaufstrich gegessen werden.

Bunter Hülsenfrüchtesalat

Zutaten für 6–8 Portionen

W	300 g bunte Hülsenfruchtmischung		F	1/2 rote Chilischote
W	1,5 l Wasser		E	2 EL Olivenöl
E	2 Gemüsebrühwürfel		M	4 Frühlingszwiebeln
M	3 Knoblauchzehen		W	1 EL geröstetes Sesamöl
M	2 mittelgroße rote Zwiebeln		H	Zitronensaft
E	2 rote Paprikaschoten		F	250 g Schafsfeta
W	Salz		E	Sonnenblumenkerne, geröstet
H	1/2 Bd glatte Petersilie		M	Pfeffer und Koriander

Vorbereitung:

- Hülsenfrüchte über Nacht einweichen, am nächsten Morgen abgießen
- Knoblauch schälen und mit dem Messer zerhacken
- Zwiebeln schälen und fein würfeln
- Chilischote waschen, halbieren, Kerne auskratzen und würfeln
- Paprika waschen, halbieren, die Kerne entfernen und ebenfalls in kleine Würfel schneiden
- Frühlingszwiebeln waschen und in feine Ringe schneiden
- Petersilie waschen, abtropfen und die Blättchen fein schneiden
- Feta zerkrümeln
- Sonnenblumenkerne in der Pfanne ohne Fett rösten

Zubereitung:

■ Die Brühwürfel in Wasser geben, aufkochen und die Hülsenfrüchte 1,5 Std. in leicht siedendem Wasser garen, abschütten und abtropfen lassen.

■ Knoblauch und Zwiebeln in Olivenöl anbraten, mit Paprika- und Chiliwürfeln, Frühlingszwiebeln und Petersilie mischen und kurz weiterbraten.

■ Die Masse unter die abgekühlten Hülsenfrüchte mengen, mit Zitronensaft, Pfeffer, Koriander und dem Sesamöl abschmecken. Mit den gerösteten Kernen bestreuen und durchziehen lassen.

Tipp *Die Hüsenfrüchte werden schneller gar, wenn sie mit 1 Stück Alge (W) gekocht werden. Nach Belieben kann die Alge mitverwendet oder nach dem Mitkochen entfernt werden.*

Lauwarmer Salat mit Seeteufel

Zutaten für 3–4 Portionen

E	40 g Pinienkerne	W	Salz
W	400 g Seeteufelfilet	H	4–5 EL Balsamico, weiß
H	2 EL Zitronensaft	F	1 Msp Rosenpaprika
H	250 g Rucola	E	1/2 TL Rohrzucker
H	100 g getrocknete Tomaten	M	Pfeffer, weiß
F	1 Bd Basilikum		
E	2 EL Rapsöl		
M	1 EL Senf, mittelscharf		

Vorbereitung:

- Pinienkerne in der Pfanne ohne Fett rösten und auskühlen lassen
- Den Rucola putzen, waschen und abtropfen
- Getrocknete Tomaten abtropfen und halbieren
- Basilikum in feine Streifen schneiden

Zubereitung:

■ Seeteufelfilet in ca. 4 cm große Stücke schneiden und mit Zitronensaft beträufeln.

■ Rapsöl, Senf, Salz, Essig, Rosenpaprika, Zucker und Pfeffer zu einer Marinade verrühren.

■ Basilikum und die Hälfte der Pinienkerne zur Marinade geben. Den Fisch salzen. Rapsöl in der Pfanne erhitzen und den Seeteufel unter Wenden ca. 3 Minuten braten. Rucola und Tomaten mischen und in Suppenteller geben.

■ Lauwarme Seeteufelwürfel darüber anrichten und die Marinade gleichmäßig darübergießen. Mit den restlichen Pinienkernen bestreut sofort servieren.

H/K

Tipp *Statt Seeteufel kann auch ein anderer Fisch verwendet werden.*

Tofu mit Süßkartoffeln

Zutaten für 4 Portionen

W	450 g Tofu		E	2 EL Öl
E	500 g Süßkartoffeln		E	100 g Erdnusskerne, ungesalzen
H	1 kleine Tomate		W	Salz
	(ersatzweise 3 getrocknete Tomaten)		H	Saft von 1/2 Zitrone
M	1/2 Bd Frühlingszwiebeln		W	50 ml Wasser
M	3 Knoblauchzehen		E	1 TL Ahornsirup
M	1/2 TL scharfe Paste		M	1 TL gemahlener Koriander
	(z. B. Sambal Oelek)		W	2 EL Sojasoße

Vorbereitung:

- Tofu in 1 cm große Würfel schneiden
- Zitrone halbieren und auspressen
- Süßkartoffeln waschen, schälen und auch in etwa 1 cm große Würfel schneiden
- Tomate waschen und in kleine Würfel schneiden, oder die getrockneten Tomaten in Streifen schneiden
- Frühlingszwiebeln waschen, putzen und in Ringe schneiden
- Knoblauch schälen und mit dem Messer zerdrücken

Zubereitung:

■ Das Öl in einer Pfanne erhitzen. Frühlingszwiebeln, Kartoffelwürfel, Knoblauch, Salz und scharfe Paste sowie die Erdnüsse hineingeben und bei mittlerer Hitze anbraten, ca. 10 Minuten schmoren lassen.

■ Tomaten, Sojasoße, Zitronensaft und Wasser dazugeben, gut mischen und nochmals aufkochen.

■ Die Tofuwürfel unterheben. Alles mit Ahornsirup, Koriander und der Sojasoße würzen.

Tipp *Tofu gibt es in verschiedenen Geschmacksrichtungen. Hier wurde die Sorte „natur" verwendet.*

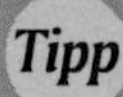

Wokgemüse mit Mie-Nudeln

Zutaten für 4 Portionen

E	1 Fenchelknolle	W	Salz
E	300 g Karotten	H	200 g Sprossen
M	1 Bd Frühlingszwiebeln	E	250 g Tofu, natur
E	1 EL Rapsöl	W	3 EL Sojasoße
E	4 getrocknete Mu-Err-Pilze	W	2 EL Sesam, geröstet
M	1 Scheibe Ingwer, gerieben	E	1 EL geröstetes Sesamöl
M	1 Knoblauchzehe	H	1/3 Paket Mie-Nudeln
M	Pfeffer	E	1/2 Bd Kerbel

Vorbereitung:

- Tofu in kleine Streifen schneiden und in der Sojasoße ca. 1 Std. marinieren
- Mu-Err-Pilze mit kochendem Wasser übergießen und ca. 1 Std. quellen lassen, Wasser abschütten und mit neuem Wasser ca. 1/2 Std. köcheln lassen; dann in feine Streifen schneiden
- Sesam in der Pfanne trocken rösten, so dass er duftet
- Mie-Nudeln nach Packungsanweisung kochen und zur Seite stellen
- Karotten waschen, schälen und in feine Stifte schneiden
- Fenchel waschen, halbieren und in feine Streifen schneiden
- Frühlingszwiebeln waschen und fein schneiden
- Ingwer schälen, 1 Scheibe abschneiden und auf der Ingwerreibe reiben
- Knoblauch schälen und in feine Scheiben schneiden
- Kerbel waschen, trocken tupfen und fein hacken

Zubereitung:

■ Den Wok auf dem Herd heiß werden lassen. Das Öl und den Knoblauch dazugeben und goldgelb braten. Dann den Tofu kurz mit anbraten. Alles aus dem Wok nehmen.

■ Das in Stifte geschnittene Gemüse, die Sprossen sowie die Pilze anbraten und den geriebenen Ingwer dazugeben. Mit Pfeffer und Salz würzen. Das Gemüse so lange unter Rühren anbraten, dass es noch Biss hat.

■ Den Tofu und die Mie-Nudeln in den Wok geben und alles vorsichtig umrühren, so dass alles gut vermengt wird. Mit dem gerösteten Sesamöl und der Sojasoße aromatisieren.

■ Auf 4 Teller verteilen und mit Sesam und Kerbel bestreut servieren.

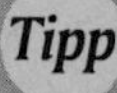

Tipp — *Es können auch andere Gemüsesorten je nach Jahreszeit verwendet werden.*

Apfel-Soja-Gratin

Zutaten für 4 Portionen

E	4 Äpfel, geschält, halbiert		E	2 Eier
E	400 ml Apfelsaft		E	1–2 EL Ahornsirup oder Honig
W	100 ml Sojamilch		M	1 Msp Zimt
W	100 g Seidentofu		E	50 g Walnüsse, grob gehackt
	(Reformhaus oder Bioladen)		E	2 EL Honig (zum Karamellisieren)
H	Saft von 1 Limette			
F	1 Msp Kakao			
E	100 ml Sahne			

Vorbereitung:

- Äpfel waschen, schälen, Kerngehäuse entnehmen und halbieren
- Limette waschen, halbieren und auspressen
- Auflaufform einfetten
- Halbe Walnüsse grob hacken

Zubereitung:

■ Die Apfelhälften im Apfelsaft dünsten – sie sollten noch Biss haben. Danach in die gefettete Auflaufform setzen.

■ Sojamilch, Seidentofu, Limettensaft, Kakao, Sahne, Eier und Süßungsmittel mit dem Rührgerät verrühren und über die Äpfel gießen.

■ Im vorgeheizten Backofen bei 175 °C etwa 20 Minuten backen.

■ Honig in der Pfanne schmelzen, Zimt zufügen und die Walnussstücke darin karamellisieren.

■ Das fertige Gratin mit den karamellisierten Walnüssen bestreichen und warm servieren.

Tipp *Gut für Frauen in den Wechseljahren aufgrund der Phytoöstrogene in den Sojaprodukten.*

Kräuterkunde

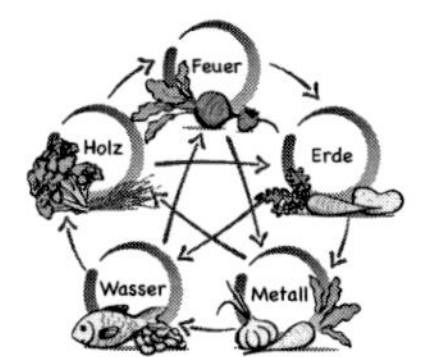

Artischocke	Die Bitterstoffe wirken auf die Leber und führen zur Produktion von mehr Gallensaft; dadurch wird das Fett besser abgebaut. Kühlt das Leber-Qi.
Bärlauch	Scharfer Geschmack, löst Leberstau und stärkt das Herz.
Basilikum	Erwärmt die Nieren, stärkt das Milz-Qi und löst Leberstau. Gut bei Feuchtigkeitsansammlung.
Brennnessel	Wirkt entwässernd, löst Stauung in Herz und Leber.
Kresse	Leitet Feuchtigkeit aus, belebt das Leber- und Gallen-Qi, gut bei Erschöpfung.
Lavendel	Lavendeltee beruhigt das innere Feuer und löst Leber-Qi-Stauungen.
Liebstöckel	Stärkt die Verdauung, bewegt das Leber-Qi, erwärmt und stärkt Milz, Magen und Nieren.
Löwenzahn	Löst Leber-/Gallenblasenstau und hilft bei gestörter Nierenfunktion. In kleinen Mengen verwenden.
Löwenzahnblätter	Lösen Energieblockade in der Leber, harmonisieren und erfrischen die Leber
Majoran	Leitet Feuchtigkeit und Schleim aus, stärkt das Qi von Milz und Magen, verdauungsfördernde Wirkung.
Oregano	Tonisiert das Milz-Qi und bewegt das gestaute Leber-Qi.
Petersilie	Tonisiert das Nieren-Yang, fördert die Ausscheidung von Flüssigkeit, bewegt gestautes Leber-Qi, entwässert.
Rosmarin	Wärmt und kräftigt das Herz, erwärmt die Nieren, aktiviert das Herz, bewegt blockiertes Qi der Leber, verstärkt das Verdauungsfeuer der Milz, fördert den Gallenfluss und die Fettverdauung, vertreibt Müdigkeit.
Thymian	Entspannt und wärmt, leitet Feuchtigkeit und Schleim aus – besonders in den Atemwegen – unterstützt die Verdauung, stärkt das Milz-Qi.
Zitronenmelisse	Beruhigt den Geist und den Magen, bewegt das Leber- und Herz-Qi, stärkt Milz und Magen.

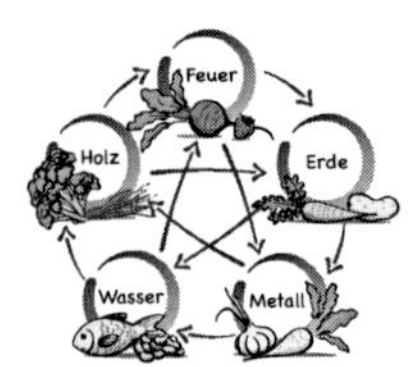

Tipps für Einkauf, Lagerung und Zubereitung

Einkaufen nach Jahreszeit

Obst und Gemüse am besten der Saison entsprechend einkaufen und dabei die einheimischen Sorten bevorzugen. Sommergemüse und Beerenfrüchte im Winter sind oft Treibhausware oder stammen aus entfernten Regionen.

Für lange Transporte aus südlichen Ländern oder aus Übersee werden die Lebensmittel häufig unreif geerntet, chemisch behandelt und konserviert; sie sind dann vitaminärmer. Ihr Transport belastet die Umwelt, auch müssen exotische Früchte nicht immer sein.

Frische der Ware

Beim Einkauf ist die Frische der Ware wichtig – durch Licht und Luft gehen mit jedem Tag Vitamine verloren, vor allem Vitamin C. Welker Salat, gelb verfärbter Brokkoli oder braune Flecken auf den Karotten sind Zeichen für Überlagerung. Hier können Tiefkühlprodukte „natur" ein adäquater Ersatz sein. Sie werden erntefrisch direkt vom Feld verarbeitet, schockgefroren und enthalten dadurch wesentlich mehr Vitamine und Mineralstoffe als überlagerte Frischware. Tomaten können im Winter auch aus der Dose sein. Sie werden reif geerntet und enthalten trotzdem immer noch genügend Vitamine. Vor allem das Lycopin – ein sekundärer Pflanzenstoff – kann der Organismus im gekochten Zustand optimal verwerten.

Reifezustand

Reifes Obst hat den besseren Geschmack und mehr Vitamine. Farbe und perfekte Form sind jedoch keine Garantie für Qualität. Äpfel sind z. B., je glänzender und makelloser sie aussehen, umso mehr gespritzt und mit Wachs behandelt, um die Apfelschale zu konservieren.

Naturbelassenes Obst hat unterschiedliche Formen und Größen, hat Dellen und kann Flecken haben. Unreifes Obst schmeckt nicht so aromatisch und kann zu Magen-Darm-Problemen führen.

Lagerung

Obst und Gemüse sollte zur Vitaminschonung nur kurz, möglichst kühl und dunkel, gelagert werden. Tomaten und Bananen verlieren im Kühlschrank ihr Aroma.

Verarbeitung

Obst, Gemüse und Salate erst kurz vor dem Verzehr verarbeiten. Im Ganzen und unzerkleinert kurz unter fließendem Wasser waschen. Zerkleinert nicht der Sonne und Luft aussetzen. Dünsten, dämpfen oder bissfest garen – bei niedriger Temperatur und mit wenig Wasser oder Fett zubereiten.

Reste nicht lange warm halten, besser schnell abkühlen, in den Kühlschrank stellen und bei Bedarf im Topf oder Wasserbad erwärmen.

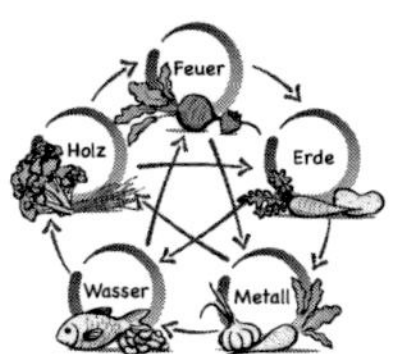

Samen, Nüsse und Sprossen

Nüsse und Samen sind eiweiß- und fettreich. Sie enthalten vor allem Vitamin B und E, Mineralstoffe wie Kalium, Phosphor und Schwefel, sekundäre Pflanzenstoffe, Ballaststoffe und bis zu 60 % Fett; vor allem ungesättigte Fettsäuren. Sie haben eine hohe Nährstoffdichte und dadurch einen festen Platz in der natürlichen Küche. Walnüsse enthalten viel Omega-3-Fettsäuren und stärken zusätzlich noch die Nierenenergie.

Sesam enthält mehr Kalzium als 1 Liter Milch, vor allem der schwarze Sesam. Erdnüsse zählen zu den Hülsenfrüchten und sind daher oft eine Alternative für Nussallergiker.

Buchweizen ist ein Knöterichgewächs und daher für Menschen mit einer Glutenunverträglichkeit eine Alternative. Geröstet kann er als Nussersatz dienen. Nussmus aus gequetschten Nüssen ist ein nahrhafter und gesunder Brotaufstrich und eine Alternative zu Wurst oder Käse.

Sprossen und Keimlinge

Sie haben die konzentrierte Kraft des Samenkorns. Sie sind vitamin- und mineralstoffreich, enthalten zahlreiche Enzyme, Nährstoffe und Ballaststoffe. Der Fettgehalt verringert sich durch den Keimvorgang. Mit einem Keimgerät kann man Sprossen und Kleimlinge einfach wachsen lassen. Auf Sauberkeit achten, sie dürfen keinen Schimmel bilden. Zum Keimen eignen sich unbehandelte Getreidekörner (außer Grünkern), Hülsenfrüchte und viele Samen (z.B. Dinkel, Kichererbsen, Sonnenblumenkerne, Linsensamen, Rettichsamen oder Senfsamen).

Gekeimte Sprossen gibt es auch in Supermärkten zu kaufen. Hier ist darauf zu achten, dass sie gekühlt sind. Soja- und Mungosprossen sollten immer kurz blanchiert werden, damit sie leichter verdaulich sind. Alfalfa-, Linsen- oder Radieschensprossen können kurz gewaschen und dann verzehrt werden.
Sprossen und Keimlinge reichern Salate und warme Gerichte mit Vitamin C an. Sie können auf Brot oder in Müsli verwendet werden.

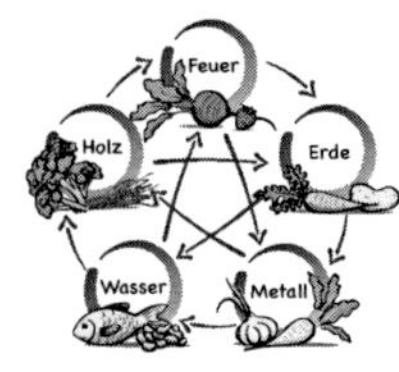

Gewürzkunde

Anis	Erwärmt die Mitte, tonisiert Milz- und Magen-Qi und bewegt das Leber-Qi.
Cayennepfeffer (Chili)	Erwärmt die Niere, zerstreut Kälte und bewegt das Qi und das Blut.
Cumin	Wirkt ausgleichend und kühlend auf das Verdauungsfeuer, verstärkt die Hautdurchblutung.
Fenchel	Erwärmt Niere, Milz und Magen und löst Blockaden des Leber-Qi, entfernt Schleim und Feuchtigkeit.
Galgantwurzel	Wirkt krampflösend, erwärmend, löst Schleim in Rachen, Nase und Nebenhöhlen.
Gewürznelke	Regt das Verdauungsfeuer an, wärmt Milz und Magen, beruhigt den Geist und den Magen.
Ingwer	Fördert den Stoffwechsel und die Verdauung, wärmt Milz, Magen und Niere, löst Schleim und Feuchtigkeit, fördert die Fettverdauung, hat eine antibakterielle Wirkung, gleicht das Gleichgewichtsorgan und den Verdauungstrakt aus.
Kardamom	Hat eine wärmende Wirkung, transformiert Schleim, leitet Feuchtigkeit aus, stimuliert die Verdauung und das Herz, wärmt die Nieren und tonisiert die Milz, macht Koffein für den Körper besser verträglich.
Koriander	Fördert die Entgiftung, wirkt beruhigend, wird bei der Ausleitung von Schadstoffen eingesetzt – wirkt entgiftend auf alle Gewebe im Körper, einschließlich Gehirn.
Kümmel	Fördert die Fettverdauung und sorgt für eine bessere Bekömmlichkeit von schwer verdaulichen Speisen, regt den Magen an.
Kurkuma (Gelbwurz)	Regt den Fettstoffwechsel und die Gallensekretion an, löst Blockaden in Milz und Magen, vor allem Blockaden der Bauchspeicheldrüse, bewegt das Leber-Qi.
Lorbeerblätter	Stärken das Erd-Element, bewegen das Leber-Qi, wirken verdauungsfördernd.

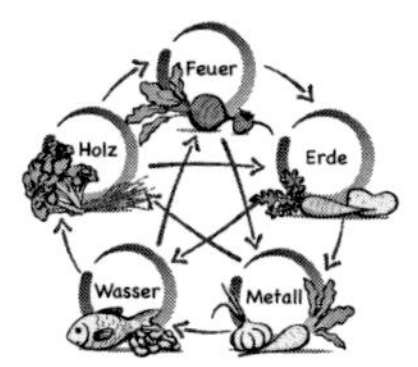

Muskatnuss

Stärkt das Qi und bringt es zum Fließen, wärmt den Magen.

Safran

Bewegt Qi und Blut, tonisiert das Qi der Milz, erwärmt Nieren, Milz und Magen, beruhigt das Herz.

Schwarzer Pfeffer

Stimuliert den Stoffwechsel, erwärmt, zerstreut Kälte und leitet Feuchtigkeit aus. Verteilt das Qi im Körper und wärmt die Nieren. Fördert den Speichelfluss und die Verdauungssäfte von Magen und Bauchspeicheldrüse.

Sternanis

Wirkt schleimlösend und fördert die Sekretion von Magensäure und Speichel, steigert die Harnproduktion und den Milchfluss, entkrampfende Wirkung auf den Magen-Darm-Trakt.

Süßholz

Beruhigt den Magen, wirkt ausgleichend auf das Erd-Element, kühlt inneres Feuer, beruhigt den Geist, lindert Sodbrennen.

Vanille

Wirkt beruhigend und ausgleichend.

Wacholderbeere

Leitet Feuchtigkeit aus, erwärmt, tonisiert das Nieren-Yang und das Verdauungsfeuer. Stärkt Milz und Magen, durchblutungsfördernde Wirkung auf die Muskulatur, regt die Funktion des Herzens an.

Zimt

Erwärmt und beruhigt, stärkt das Qi der Nieren, stärkt Milz und Magen, harmonisiert Atmung, Herz und Kreislauf, vertreibt Kälte.

Hinweis:
Die Seiten zu Kräuter- und Gewürzkunde wurden entnommen aus *Typgerecht zum Wunschgewicht*, von Dr. med. Angela Drees.

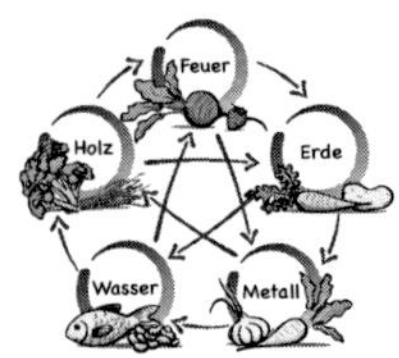

Lebensmittel-Glossar

Agar-Agar
Wird aus bestimmten Algen gewonnen und als Geliermittel verwendet.
Ist der vegane Ersatz für Gelatine.

Apfelessig/Obstessig
Ein Speiseessig aus Apfelwein, der durch Fermentation entsteht.

Balsamico
„Aceto Balsamico Tradizonale di Modena" ist der „Echte". Der Essig muss mindestens
12 Jahre alt sein, eine dunkelbraune Farbe und einen süßsauren Geschmack haben.
Dadurch ist er sehr teuer. Es gibt in den Naturkostläden gute Alternativen, die einen
natürlichen Reifegrad haben und nicht gefärbt sind.

Buchweizen
Ist ein Knöterichgewächs und kein Getreide. Er enthält kein Gluten und ist daher bei
einer Glutenunverträglichkeit einzusetzen.
Im Ganzen trocken in der Pfanne geröstet, kann Buchweizen als Nussersatz dienen.

Bulgur/Couscous
Vorgekochter, getrockneter Hartweizengrieß ohne Kleie wird fein (Couscous) oder grob
(Bulgur) angeboten.

Cranberrys
Sind Strauchbeeren aus Amerika, ähnlich unseren Heidelbeeren. Sie enthalten starke
Anti-Oxidantien und werden naturheilkundlich bei Blasenentzündungen eingesetzt.
Es gibt sie in getrockneter Form, als Saft, Tabletten und frisch, allerdings nur im
Dezember. Leicht säuerlicher Geschmack, stärkt die Leber und das Herz.

Gomasio
Wird aus geröstetem Sesam und Meersalz zubereitet (10 Teile Sesam zu 1 Teil Salz).
Sesam trocken in der Pfanne rösten. Im Mörser mit dem Salz zerstoßen. Die Körner
sollten aufgebrochen sein.
Bekommt man im Naturkostladen fertig im Glas zu kaufen.

Ingwer
Wird als Gewürz oder als Heilpflanze eingesetzt. Hat entzündungshemmende Wirkung,
bewirkt eine bessere Verdaulichkeit bei bestimmten Lebensmitteln und stärkt das
Immunsystem (siehe Rezept S. 76 im Metall-Element). Immer schälen bei Verwendung
in Gerichten. Ungeschält wirkt er als Erkältungstee antibakteriell.

Leinsamen
Samen des Flachs, einer alten europäischen Kulturpflanze. Hat einen nussartigen
Geschmack. Leinsamen und Leinöl haben den höchsten Anteil an Omega-3-Fettsäuren
im Vergleich zu anderen Saaten und Ölen.

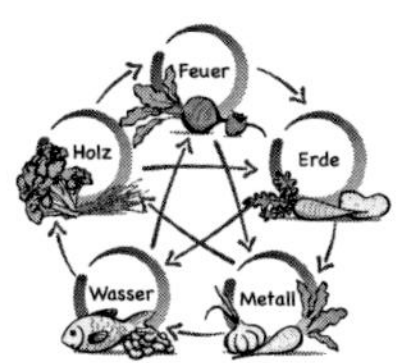

Er enthält Phytoöstrogene und hat entzündungshemmende Wirkung. Zu empfehlen bei allen entzündlichen Erkrankungen des Herzens und des Darms. Außerdem kann er den Cholesterinspiegel senken.
1–2 EL pro Tag in Quark einrühren.
Weiterführende Literatur: *Leinöl macht glücklich* von Hans-Ulrich Grimm.

Maronen
Sind das Produkt der Edelkastanie. Es gibt sie vakuumverpackt zu kaufen; sie müssen nur noch in heißem Wasser kurz ziehen. Kastanienmehl für Pasta, Brot oder Kuchen ist glutenfrei.

Meeresalgen
Bekannt als Wakame, Arame oder Hijiki; sehr kalzium- und jodreich.
Wenn sie mit Hülsenfrüchten zusammen gekocht werden, verkürzt sich die Kochzeit, und das Gericht wird leichter verdaulich.
Gibt es als Granulat oder als ganze Algenstreifen im Naturkostladen.

Mie-Nudeln (Weizennudeln)
Sind meist vorgekocht und müssen nur noch in heißem Wasser kurz ziehen.
Gibt es in unterschiedlichen Formen.

Miso
Milchsauer vergorene Paste aus Sojabohnen und Salz, gibt es mit Reis oder Gerstenanteil, in unterschiedlicher Konsistenz und mit unterschiedlichem Geschmack, im Glas, vakuumverpackt oder als Pulver. Stärkt das Immunsystem.

Mu-Err (Holzohr)
Ist ein Speisepilz, der an verschiedenen Bäumen wächst. Findet man getrocknet im Naturkostladen. Muss ca. 1 Std. in heißem Wasser eingeweicht werden; Wasser abschütten und anschließend kochen.
Reich an Eisen, Kalium, Magnesium, Phosphor und Vitamin B1.

Salz
Kochsalz oder Speisesalz ist ein raffiniertes Produkt, das chemisch nur aus Natriumchlorid besteht.
Meersalz: soll unraffiniert sein; denn hier sind die Mineralstoffe noch vorhanden. Es enthält alle in unserem Blut vorkommenden Mineralien.
Steinsalz: ist ein altes Meersalz; auch dies sollte nicht raffiniert sein, da sonst die Mineralstoffe fehlen.
Fleur de Sel – „Blume des Salzes": ist ein Meersalz mit großen Salzkristallen; das feine Meeraroma ist für die kalte Küche gut geeignet.
Himalaya-Salz: ist ein wertvolles und seltenes Salz, das leider einen sehr weiten Transportweg hat.

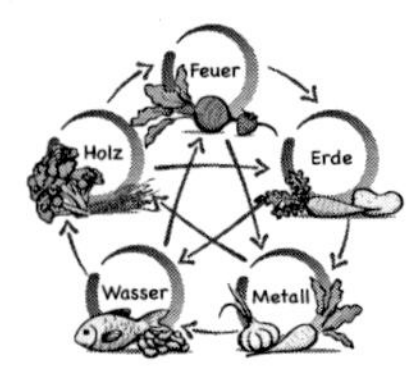

Sesam

Eine ölhaltige Saat; sie enthält auf 100 g mehr Kalzium als 1 l Milch. Schmeckt stark nussartig, verstärkt ihr Aroma, wenn sie trocken in der Pfanne geröstet wird. Geröstetes Sesamöl ist sehr intensiv im Geschmack, daher in kleinen Mengen als Ergänzung zu neutralem Öl geben. Macht Lust auf mehr!

Süßkartoffel

Eine Wurzelknolle ähnlich der Kartoffel; hat einen süßen Geschmack und eine mehlige Konsistenz; die Farbe ist leicht rötlich.
Kann auch zu Backkartoffeln oder Chips verarbeitet werden.

Tofu

Wird aus Sojabohnen hergestellt; es entsteht eine Masse, die in Blöcke geformt wird. Tofu gibt es in verschiedenen Geschmacksrichtungen. Der Seidentofu ist in seiner Konsistenz dem Quark sehr ähnlich.

Vanillepulver

Ist die gemahlene Vanilleschote mit der Kapsel und daher sehr aromatisch. In kleinen Gläschen im Naturkostladen erhältlich.

Weinstein-Backpulver

Ein natürliches Backpulver aus Zitronensäure oder Weinsäure; ist phosphatfrei, hat einen neutralen Geschmack.

Viele dieser Produkte erhalten Sie im gut sortierten Supermarkt, im Naturkostladen oder im Reformhaus. Die Entscheidung über die Einkaufsquelle liegt bei jedem selbst. Selbstverständlich sind unbehandelte Produkte vorzuziehen.

In meinen Kochkursen verwende ich biologische und ökologische Produkte, je nach Jahreszeit und aus der Region. Gewürze und Salz (Meer- oder Steinsalz) stammen aus dem Naturkostladen. Bei diesen Gewürzen ist der Geschmack weitaus intensiver, und man benötigt viel weniger davon. Darum gibt es z. T. auch keine Mengenangaben bei Salz und anderen Gewürzen.

„Der Mensch ist, was er isst"

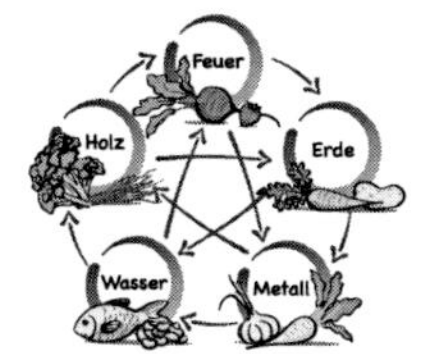

Empfehlung vor, während und nach dem Essen

Lebensmittel sind milde Therapeutika, mit deren Hilfe der Organismus im Gleichgewicht gehalten oder dorthin geführt wird.

Sie sollten folgende Empfehlungen rund um das Essen beachten:

- Essen Sie nur, wenn Sie wirklich Hunger haben
  (und nicht aus Frust, Ärger oder Langweile).

- Halten Sie möglichst regelmäßige Essenszeiten ein.

- Essen Sie am Morgen reichhaltig, nahrhaft, auch warm (am besten Getreide), am Mittag eine große Portion warm und am Abend nicht schwer verdauliches Essen, nach Möglichkeit kein tierisches Eiweiß. Ganz nach dem Sprichwort:

  **„Morgens wie ein Kaiser,
  mittags wie ein König
  und abends wie ein Bettelmann"**

- Nehmen Sie die Mahlzeiten harmonisch und in guter Stimmung ein, denn das individuelle Wohlbefinden wirkt sich unmittelbar auf die Verdauungsfunktion aus. Gute Stimmung bei Tisch regt den Appetit an und fördert die Sekretbildung. Unerfreuliche Gesprächsthemen sollten während des Essens vermieden werden.

- Auch Fernsehen, Zeitunglesen und Essen im Stehen oder gar während des Umhergehens sollte vermieden werden, da aufgrund der Ablenkung Magen und Darm nicht optimal mit Blut versorgt werden.

- Nehmen Sie sich Zeit zum Essen, damit die Nahrung gut zerkaut und eingespeichelt wird. Ein Sättigungsgefühl stellt sich im Übrigen frühestens nach 15–20 Minuten ein.

- Halten Sie möglichst regelmäßige Essenszeiten ein. Das Abendessen sollte vor 20.00 Uhr eingenommen sein. Es sollten generell drei bis vier Stunden zwischen den Mahlzeiten liegen, da die Verdauungsorgane diese Zeit zur Nahrungsverarbeitung und Regeneration benötigen.

- Trinken Sie während des Tages 2–3 Liter Flüssigkeit, nicht aber zu den Mahlzeiten. Geeignete Getränke sind Teesorten wie Roibusch- und Maisbart-Tee oder Wasser, Apfelsaftschorle, Getreidekaffee, Gemüsesäfte, Brühe und Suppen.

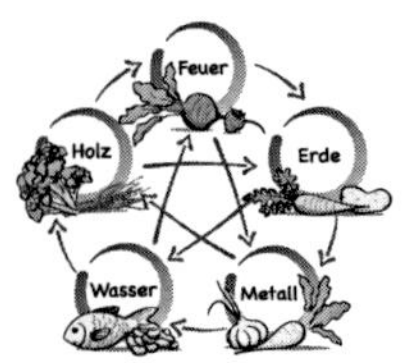

- **„Nach dem Essen sollst du ruhn oder tausend Schritte tun"**

  Hinter diesem Sprichwort steckt die Erkenntnis, dass durch sanfte Bewegungen die Magen-Darm-Peristaltik angeregt wird. Ein kleiner Spaziergang ist hierfür besonders geeignet. Sportliche Betätigungen nach dem Essen sind nicht zu empfehlen.

- Der Mittagsschlaf nach dem Essen hat auch seine Bedeutung, denn die Leber kann sich dadurch besser regenerieren und wieder Kraft geben für den Rest des Tages. 10–30 Minuten sind völlig ausreichend.

- Nehmen Sie sich Zeit, Ihre Mahlzeiten zu genießen, denn die Freude am Essen erhöht die Lebensqualität.

Notizen

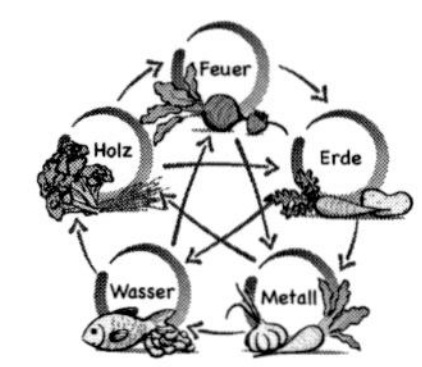